幕
都グルメ日記

庭八郎征西日記」を読む

山村竜也

GS
幻冬舎新書
464

まえがき

隻腕のラストサムライとして知られる伊庭八郎秀穎《いばはちろうひでさと》は、幕臣伊庭軍兵衛秀業《ぐんぺえひでなり》の長男として、江戸時代末期の弘化元年（一八四四）に誕生した。

秀業は、下谷和泉橋通りに道場をかまえる心形刀流《しんぎょうとう》剣術の八代目だったが、八郎が生まれた翌年に隠居し、門人の垪和《はが》惣太郎が伊庭家を相続していた。さらに安政五年（一八五八）、隠居の秀業が病死したため、惣太郎は軍兵衛の名を引き継ぎ、軍兵衛秀俊と改めた。

そのとき十六歳であった八郎は、養父秀俊のもとで心形刀流の修行に励んだ。二人の軍兵衛の教えによって、八郎の剣才は花開き、「伊庭の小天狗」と異名をとるほどの剣客に成長したのだった。

八郎はまた、容貌にも恵まれ、「白皙美好《はくせきびこう》（肌の色が白く麗しい）」と評された美男であった。剣は天狗のように強く、有名道場の御曹司で、そのうえ白皙の美男となれば、江戸の女性たちがほうっておかなかったというのも無理のないことだっただろう。

そんな完全無欠の伊庭八郎が、一冊の日記を書き残している。八郎の親友であった中根淑《きよし》（香亭《こうてい》）という漢学者によって、明治三十五年に公開された、「伊庭八郎征西日記」がそれである。

原本は残念ながら失われているが、活字化されたものが大正六年に雑誌「江戸」に掲載され、さらに昭和三年に日本史籍協会叢書の「維新日乗纂輯《いしんにちじょうさんしゅう》」に収録された。これらは現在では入手困難ながら、図書館を利用すれば閲覧が可能である。

日記は、元治元年（一八六四）の正月に将軍徳川家茂《いえもち》が上洛した際、二十一歳の八郎が警護の一員として随行した記事から始まり、同年六月に江戸への帰途につくところまでが記載されている。

注目すべきなのはその内容で、「征西日記」という勇ましいタイトルとは裏腹に、そこには初めて京都に上った八郎が、今日はどこに観光に行った、今日は何を食べたなどといった、ごく日常的な行動が事細かに記されているのだ。

時代はすでに幕末の動乱期に突入しており、京都では前年に名高い新選組も結成され、倒幕派の志士を厳しく取り締まっていた頃のことである。その同じ京都で、徳川将軍を護衛して上京した幕臣の八郎が、政治向きのことには背を向けて、観光、グルメにいそしんでいるとはなんとのんびりしたことであろうか。

そんなほのぼのとした八郎の世界を広く知っていただきたいと思い、今回「征西日記」の全文とそれに詳細な解説をつけた本書を刊行するに至った。「征西日記」の全文が一冊にまとめられるのは初めてのことであるので、読者の方々には待望の書になったのではないかと思っている。

原文はかな交じりの漢文であるため、一般には読みにくいという難点があったが、今回は現代語に書き下して掲載した。これまで、おもしろそうだけれども漢文が読めないと敬遠していた方々にも、楽しんでいただけることだろう。

本書を読みながら、八郎と一緒に名所めぐりをしたり、美味しいものを食べたりしている気分にひたっていただけたならば、著者としては嬉しいかぎりである。

幕末武士の京都グルメ日記／目次

第二章　天ぷら、二羽鶏、どじょう汁

第三章　しるこ四杯、赤貝七個

第四章　京から大坂へ

第一章　将軍とともに上洛

元治元年（一八六四年）一月〜二月

将軍警護の上京

正月十四日、滞りなく大津に着いた。

「伊庭八郎征西日記」は、この一行から筆が起こされている。大津は、東海道の終点である京都の一つ手前の宿で、ここまで来ると旅人は京都への無事な到着を確信し、ほっとひと息つくものだった。

もっとも伊庭八郎の場合は、江戸から海路で京都入りする将軍徳川家茂の護衛という役目が待っていたから、決して気を抜いてはいられない。この大津で一泊したあと、翌日は早朝から京都南方の伏見に向かい、家茂を出迎えることになっていた。

同（正月）十五日、明け方に伏見までお迎えに参上し、お供して二条城に八つ時（午後二時頃）にお着きになられた。途中の見物人が、まるで蜂のように男女があちらこちらに群集し、立錐の余地もないほどにぎわっていた。

家茂は、前年の十二月二十八日に軍艦翔鶴丸で品川を出航し、正月八日に大坂に到着していた。当時の軍艦の速度というのは意外に速く、本来ならば三日間で大坂に着く予定だったが、天候に恵まれずに日数を費やしたものである。

大坂城に数日滞在した家茂は、十四日に淀川を上って伏見に到着。十五日早朝に八郎ら護衛の出迎えを受け、一行は同日京都市中に入って午後二時頃に二条城に着いた。

二条城は、京都における徳川幕府の本拠。ただし普段は二条定番が置かれてこれを守り、将軍が上洛して二条城入りするのは三代家光以来幕末までの二百数十年間、絶えてなかったことだった。

前年に続いて上洛した将軍の絢爛たる行列に、京都の人々が「蜂のように」群集していたというのも無理のないことだっただろう。

それより旅宿へ帰り、父上にお目にかかり、大いによろこんだ。旅宿はまだ定まっておらず、佐田桂次郎殿の旅宿に二、三日同宿し、同十八日から父上とご一緒の所になった。旅宿は、京都二条の所司代屋敷の北にある定番組屋敷の鈴木重兵衛という者の家だ。当家は馬術の師匠だそうで、倅は同姓の衛守といった。

前項に続けて記された記事である。「征西日記」は基本的には一日ごとに当日の出来事がつづられているが、「十八日から父上とご一緒の所になった」という記述によれば、数日分をまとめて書くこともあったようだ。佐田鉎次郎（桂次郎）は、八郎と同役の講武所剣術方。

今回の上洛にあたっては、八郎は講武所剣術方、父の軍兵衛秀俊は奥詰という立場での上洛だった。講武所は、安政三年（一八五六）に創設された幕臣のための武術修行機関で、剣術、槍術、柔術、砲術の修行人が日々鍛錬に励んだ。

八郎は、「伊庭の小天狗」と異名をとるほどの剣客であったが、講武所内で役職についていたわけではなく、また伊庭家においても部屋住みの身であったから、まだそれほど目立つ存在ではなかった。

それに対して、秀俊は講武所剣術師範役をつとめる立場にあり、文久元年（一八六一）十二月には講武所の精鋭から選ばれた奥詰に任じられていた。奥詰というのは同年に新設された将軍家茂の親衛隊で、つまり伊庭家の看板を背負っていたのは、この時点では八郎ではなく秀俊のほうだったのである。

なお上洛した講武所の者たちには、全員を収容できる屋敷というのはなかったため、数人ずつ分宿することになった。八郎と秀俊にあてがわれたのは、二条定番組の鈴木重兵衛という幕臣の家。二条城の北方にあった定番組屋敷の鈴木家に、以後数か月間、八郎らは世話になることになる。

澤甚のうなぎは都一番

同（正月）廿一日、初めて（家茂が御所に）ご参内なされた。講武所方は一同道中を警護いたし、奥詰はお供した。上様はお輿で二条城から参内され、お供の方は一橋殿、尾州侯をはじめ、諸大名三十騎ほど。その行列は実に目を驚かせた。私どもは夜九つ時（午前零時頃）に旅宿へ帰った。

今回京都に上った講武所剣術方と奥詰の人数は明確ではないが、「甲子雑録」に記載された上洛途中の宿泊記録からは、講武所の剣術方と槍術方を合わせた剣槍方が二百二人、奥詰が八十人であったことが読み取れる。

将軍家茂が初めて御所に参内するという大イベントにあたり、二百二人の講武所剣槍方が沿道の警備をつとめ、八十人の奥詰がお供として行列に加わったのだろう。一橋殿こと徳川慶喜《よしのぶ》、尾州侯こと徳川慶勝《よしかつ》など、諸大名がこぞって参加した豪華な行列は、京の人々を驚嘆させるに十分だった。

その後、北野天満宮へ参詣し、大社にて□□（原注・虫ばみ）した。それから金閣寺へ参詣し、金閣楼を見物した。ここはその昔、東山義政公が作らせた所だそうで、見どころが多かった。その後、御城代屋敷の後方の澤甚へ参り、鰻を食べた。この店は都一番だ。

これは前掲の「夜九つ時（午前零時頃）に旅宿へ帰った」に続く記述であるから、午前零時に帰宅してから北野天満宮まで出かけたのかと思い、一瞬驚かされる。しかし、常識的に考えてそれはありえず、日記の次の項が二十七日であることからも、「その後」というのは翌日、もしくは数日後のことと判断すべきだろう。

北野天満宮は、学問の神様とされる菅原道真を祀った神社で、江戸時代においても和歌の神、書道の神として広く信仰されていた。八郎が見た大社というのは本社（本殿）と拝殿のことと思われるが、これらは慶長十二年（一六〇七）に豊臣秀頼が寄進造営したもの。現在は国宝となっている見事な建物である。

次に金閣寺へ向かうあたり、八郎が現代の観光と同じようなコースをたどっているのがほほえましい。金閣楼というのは、もちろん金閣の通称で知られる舎利殿のことだろう。ただ八郎は大きな間違いをおかしていて、金閣寺は室町幕府八代将軍・足利義政が建てたものではなく、正しくは三代将軍・足利義満の建立である。義政が建てた銀閣寺と混同してしまったのだろうが、現代の中学生あたりが間違えがちなこの問題を、江戸時代の幕臣でも普通に間違えるところがおかしい。

このとき八郎が見物した金閣は、昭和二十五年（一九五〇）の火災によって焼失しており、現在私たちが見ることのできる建物はその後再建されたものであるのは惜しまれる。

金閣を見たあと、八郎は御城代屋敷の後方にある「澤甚」という料理屋に行ったと書いているが、城代屋敷は正しくは定番屋敷。「澤甚」のあった場所についてははっきりしていない。

同店で食べたうなぎはよほど美味しかったようで、八郎は「都一番」の味と絶賛し、後日の四月二十五日、再びこの「澤甚」からうなぎ料理を取り寄せて食べたと記している。

天王寺かぶの千枚漬け

同（正月）廿七日、二度目のご参内。今日は忠内氏の頬が五人あまりお供して、私の組合は参らなかった。父上はお供した。このごろ不破稽古場で一同（剣術の）稽古を始め、毎日出席した。

忠内氏は忠内次郎三《ただないじろぞう》。講武所剣術方の一人で、剣術教授方までつとめた人物だった。秀俊のもとで心形刀流を学んでいたことから、八郎とは兄弟弟子にあたり、親しく交流した。二十六歳。

家茂の二度目の御所参内があったこの日、講武所剣術方からお供に加わったのは、「忠内氏の頬《ほほ》が五人あまり」であったという。この「頬」という言葉は、ほかでは用例が見当たらないが、講武所内では「組」の意味で使っていた。講武所の記録を見ると、「一番頬」

「二番頰」といった表記が散見される。

つまり、忠内組のうち五人がお供として付き添い、八郎は出勤しなかったということである。父の秀俊は別の組に属していたのだろうか。

このころから「不破稽古場《ふわけいこば》」なる場所で八郎らは剣術の稽古を始めたようだが、この「不破稽古場」というのは、不破という人物が京都に開いていた道場のことだ。それをなぜ「不破道場」と呼ばないかというと、江戸時代にはまだ「道場」という言葉が一般的ではなかったからである。

現代でいう剣道は、当時は剣術と呼ばれていた。柔道も同様に柔術といった。剣道や柔道をする場所だから「道場」なのであり、そう呼ばれるようになったのはほぼ明治以後のことだった。江戸時代を舞台にした小説等でよく千葉道場や桃井道場という表記を目にするが、それは当時の言葉としては一般的でないということを覚えておいていただければと思う。


当地で服部貫之助、金沢新七郎と対面した。青木良助殿が参られた。その後また、倅二人を連れて参られ、お重に詰めた物を持参された。倅に竹刀料として百疋を渡した。

長徳院の方が参られた。天王寺かぶの千枚漬けを持参された。山村勘六殿がおいでになり、酒を持参された。奥詰、講武所方の者は毎日おいでになった。

服部貫之助、金沢新七郎、青木良助については未詳。青木の子供たちに渡した「百疋《ひやっぴき》」の金については少し説明が必要で、これは実際には金一分を渡している。武家社会では、祝儀とか寸志として包みの中に一分金を一枚入れ、「百疋」と称して渡す慣習があった。「疋《ひき》」というのは、そうした儀礼用にのみ使用する単位なのである。

金一分は一両の四分の一なので、一両を現在の貨幣価値で仮に十万円とすると、一分つまり百疋は二万五千円ということになる。なお一両の価値については諸説あるが、最も有力な説である「十万円」を、本書では採用しておくこととする。

長徳院は、仁和寺街道千本西入ルにある寺。同寺と八郎の関係は未詳だが、おそらくは住職が「天王寺かぶの千枚漬け」を手土産に持参した。ここで注目されるのは、一般にわが国において「千枚漬け」が出まわったのは慶応元年（一八六五）、すなわちこの翌年とされていることだ。同年、大藤藤三郎《おおふじとうさぶろう》という料理人が京都市内で聖護院かぶの千枚漬けを売り出したのが初めてとされている。

とすれば、八郎はまだ一般に出まわっていない千枚漬けをいち早く食べた人物ということになる。天王寺かぶは聖護院かぶよりもひとまわり小さめなかぶだが、千枚と称されるほど薄い切り方や、味付けは大体同じであったはずだ。

わが国における千枚漬けの歴史を塗り替えることになるかもしれない八郎のお手柄だったが、残念なのは食べてみた感想が日記に記されていないことか。「江戸では味わえぬ珍味にて候」などと書いていてくれればよかったのに、その点が惜しまれてならない。

虫歯で剣術稽古を休む

二月朔日、同二日、虫歯につき稽古も三日休む。

いきなり虫歯になり、剣術の稽古も三日間休まなければならないほどの症状で、読者を笑わせてくれる八郎だった。

江戸時代の人々も、実は毎朝の歯磨きは欠かさなかった。房楊枝《ふさようじ》と呼ばれる歯ブラシを使い、当時はもう市販されていた歯磨き粉を水でときながら、虫歯と口臭の予防につとめていたのである。

それでもやはり虫歯になることはあったから、その場合には歯医者で治療することになったが、実はまだ効果的な虫歯の治療法というのはなかった。ではどうするかというと、虫歯になった歯を抜くしかなかったのだ。

麻酔もない時代に、これはかなり厳しい。だから人々は、毎朝の歯磨きに励み、もし虫歯になったら神頼みなどして痛みがおさまるのを待ったのである。

八郎も部屋にこもって呻吟《しんぎん》しながら、神頼みで乗り切ったのだろうか。


同（二月）三日、御室街道で火事があった。


日記のこの記述では御室街道のどのあたりで火事があったのかわからないが、「幕末維新京都町人日記」によれば、天神通下立売上ルところにある郭公天満宮《かっこうてんまんぐう》近くの百姓家二軒が火災で焼失したとある。八郎はこの火災を記したのだろう。

「幕末維新京都町人日記」は四条大宮に住む商人・鍵屋長治郎の日記。この日の火事は、それほど大きいものではなかったようだが、今も昔も火事は恐ろしい災害であり、誰もが日記にそのことを記すのは変わりがなかった。

同(二月)四日からお城勤めが始まり、四頬にて毎日一頬ずつ出勤した。

八郎らの二条城勤務が、ようやく二月四日から始まった。前述したように、「頬」は組のこと。講武所剣術方約二百人を四つの組に分け、四日に一日勤務がまわってきた。ずいぶんとゆとりのある勤務体制だったようだ。

金串で味が悪いうなぎ

四日、御所近辺を拝見した。下鴨明神へ参詣し、梅花を見物。植木屋で休み、酒を飲んだ。このあたり、景色が特に良い。帰り道に鴨川のあたりで夕飯に鰻を食べた。金串で味が悪かった。この店は川魚が名物だそうだ。夜に入り帰宅した。

初日の四日は、さっそく非番だったので、八郎は京都観光にいそしんだ。御所の周辺を見てまわったあと、下鴨明神（下鴨神社）に参詣し、梅見を楽しんでいる。

下鴨神社は京都屈指の古社で、参道の通る糺《ただす》の森は鬱蒼とした木立が生い茂る雰囲気のいい場所。現在では、神社も糺の森も不思議な霊力を秘めたパワースポットとして知られている。

帰り道、八郎は鴨川沿いに出て、夕飯にうなぎを食べた。前月の澤甚に続いて二度目のうなぎである。現代と同様に、江戸時代においてもうなぎの蒲焼きは多くの人々が好んだが、八郎もまたかなりのうなぎ好きであったことがわかる。

ところが、この日のうなぎの味を八郎は気に入らなかったようだ。日記原本の表記によれば、「金串ニ而アヂ悪し」となっている。うなぎの蒲焼きは今も昔も数本の小竹串を刺して焼くものだが、それがバーベキューのような金属製の串に刺さって目の前に出てきたら、味わう以前に興ざめしてしまったかもしれない。

よくいわれているように、うなぎの蒲焼きの作り方は江戸と上方で違いがあって、まず裂き方では江戸は背のほうから、上方は腹のほうから裂く。これは、江戸が武士中心の社会で、上方が商人中心の社会であり、「腹を切る」というのが切腹を思わせることから江戸では嫌われたというのである。

しかしこの説は、信ずるにたりない俗説なのではないだろうか。なぜなら、「腹を切る」のが切腹を連想させるというのなら、「背を切る」というのは武士が敵にうしろを見せたときにできる「うしろ傷」を連想させることになるからだ。武士にとって、より不名誉な切られ方である「背を切られる」ことを、江戸の武士たちが推奨するとはとても思えないのである。

ほかに江戸と上方の違いとしては、江戸では裂いたうなぎを素焼きにしたあとに蒸してふっくらさせ、そのあと本焼きに移るというのがある。この工程があることが江戸の蒲焼きをひと味違ったものにしているという。

少なくとも江戸者の八郎は、こうした江戸風の蒲焼きに慣れているから、上方風の味に少々違和感を覚えたのかもしれない。それが金串の件も加わって、「アヂ悪し」という評価になったとも思えるのだ。

ちなみに、八郎に酷評されたこの店、日記には店名が記されていないが、「京都買物独案内」(嘉永四年版)を見るとこのような店の広告がある。

「下かも　ただす　萬《よろず》川魚御料理　萬屋吉兵衛」

場所が下鴨、糺の森で、看板にしているのは川魚料理……。日記に記された店の特徴とすべて一致している。店名は「萬屋吉兵衛」。この萬屋こそが八郎に酷評された料理店だったのではないだろうか。

初めての二条城勤務

同（二月）六日、二条城へ初めて勤番。朝五つ時（午前八時頃）に出て、七つ時（午後四時頃）に帰宅した。

八郎の二条城勤めの初日である。午前八時から午後四時までの勤務だから、実働は七時間ほどか。

ちなみに、八郎はこれまでに仕事というものをしたことがない。伊庭家の当主である秀俊は、心形刀流剣術道場を経営するほかに、二の丸留守居格・講武所剣術師範役・奥詰という幕府の役職についていた。それにより幕府から年間四百俵の禄《ろく》と、師範役手当十五人扶持《ぶち》、奥詰手当十人扶持を支給されていた。

その点、八郎は家督を継いでいないため仕事というものはなく、したがって収入もない。

父の道場で代稽古をつとめることで、小遣い程度の金はもらっていたと思われるが、八郎はまだその程度の存在だった。

だから八郎にとって、今回、講武所剣術方に選ばれて上京したことは、自分の力が幕府の役に立ち、自分で金をかせぐことのできる初めての機会だったのである。

同（二月）七日、上様が泉涌寺へ参詣された。

泉涌寺《せんにゆうじ》は天皇家の菩提寺。鎌倉時代の後堀河天皇、四条天皇、および江戸時代の後水尾《ごみずのお》天皇から幕末に至るまでの歴代天皇の陵墓がある。将軍家茂にとっては、ここに参り歴代天皇陵を詣でることも大事な仕事の一つだった。八郎は、この日は非番なので随行していない。

同（二月）八日、旅宿の主人の案内で、妙心寺へ参詣した。山門、聞対堂、本堂そのほかの物は美を極めていた。帰り道、龍安寺へ参詣した。等持院へも参り、足利十三代の木像を見物した。それから北野道を帰った。夕刻に帰宅した。

　この日も非番の八郎は、京の名所めぐりに精を出した。旅宿の主人すなわち幕臣・鈴木重兵衛の案内で、まず向かったのは妙心寺。広大な敷地に四十六もの塔頭《たっちゅう》寺院を持つ名刹である。七堂伽藍の見事さには八郎も感心するばかりだった。

　次に行った龍安寺は、枯山水の石庭で有名な京都屈指の名所だが、どうしたことか八郎は感想をまったく書いていない。実は同寺の石庭は、当時から見事な造りが知られていたものの、現代のように観光客の誰もが知っているというわけではなかったという。あるいは八郎も、石庭を見ずに去ってしまったのかもしれない。

　等持院は、室町幕府足利将軍家の菩提寺。寺名の「等持院」というのは初代足利尊氏の院号である。同寺には足利歴代将軍の木像が安置されているが、なぜか五代義量《よしかず》と十四代義栄《よしひで》がいないため、八郎が書いているように十三代分しか木像はない。

　この等持院の木像については、前年の二月二十二日に初代尊氏、二代義詮《よしあきら》、三代義満の首が盗まれ、三条河原にさらされるという事件があった。あれからちょうど一年、三代の首は無事に等持院に戻ってきていたようだ。そんな事件があったことを、八郎は知っていただろうか。

同(二月)十日、当番で居残りだった。

八郎らの二条城勤務には居残り、つまり夜勤もあったことがわかる。それは通常の勤務から四日後にまわってきたようだ。

島原はことのほか粗末

同(二月)十一日、朝、帰宅した。今日は初午なので、方々でにぎわっていた。午後から本願寺へ参詣。帰り道、島原へ見物に行った。思いのほか粗末だった。

夜勤明けで帰宅した八郎は、この日が初午《はつうま》の日で、町中がにぎわっていることに気づいた。初午というのは、毎年二月の初めての午の日に、全国の稲荷社でおこなわれる祭礼だ。小さな稲荷はそこかしこにあったから、自然と町中が浮かれた雰囲気になったのである。

午後からは本願寺に参詣したと八郎は書いているが、同寺は江戸時代の初期から東本願寺と西本願寺に分裂している。八郎が参ったのは東西のどちらであったか、わかりにくいが、一般的にはただの本願寺といえば、西本願寺と解釈されている。

興味深いのは、そのあと島原に行ったといっていることだ。島原はいわずと知れた幕府公認の遊郭である。京都を訪れた男性ならば誰でも行ってみたくなる場所だから、八郎も「見物」に行ったようだが、その感想は意外なものだった。

「殊之外そまつ」——と日記原本には記されている。江戸の吉原遊郭と並び称される京都の島原に行ってみて、粗末という評価を下せる者はなかなかいない。もしかすると八郎は、吉原と比較してみて粗末といったのだろうか。そう断言できるほど吉原に通じていたのだとすれば、八郎の評価には誰も異論をとなえることはできないだろう。

同（二月）十二日、上様が知恩院、金地院、東本願寺へ参詣された。枳殻御殿へお立ち寄り、昼食をご馳走になられた。夕刻にご帰城された。

将軍家茂がこの日訪れたのは、いずれも徳川家にゆかりの深い寺だった。
知恩院は、国宝の日本最大級の三門（山門）などで知られる現在でも有数の観光名所。

同寺には、二条城とともに京都における徳川家の拠点としての側面があったとされ、東山から御所を見下ろして朝廷を牽制する役割を果たしていた。

金地院《こんちいん》は、南禅寺の塔頭。徳川家康の信任厚かった金地院崇伝《すうでん》が起居した寺で、敷地内には家康をまつる三つの東照宮のうちの一つが建てられている。

東本願寺は、徳川幕府が開府したときに、家康から本願寺の東側に土地を与えられて創建された寺。それにより本願寺は東西に分裂し、以後、豊臣家寄りの西本願寺に対して、東本願寺は徳川家恩顧の寺として存続した。

家茂が昼食をとった枳殻《きこく》御殿というのは、東本願寺の東方に設けられた同寺の別荘。東山を借景にした風光明媚な回遊式庭園である。敷地内に枳殻《からたち》の木が植えられていたことから、枳殻御殿と呼ばれていた。

日記には家茂の行程が詳細に記されているが、書き方からみて、八郎は随行していなかったようだ。


同（二月）十三日、旅宿の前で稽古をした。榎本氏へ差し上げる書状をしたため、風呂を沸かした。湊氏から色紙をいただいた。三橋氏から菓子をいただいた。

榎本氏は未詳。湊氏は湊信八郎で、奥詰として八郎とともに上京した。八郎の実父・伊庭軍兵衛秀業の兄・三橋《みつはし》斧右衛門の次男であるから、八郎にとっては従兄《いとこ》にあたる。秀業のもとで心形刀流を学び、講武所剣術師範役をつとめた。三十六歳。

三橋氏は三橋虎蔵。同様に奥詰として上京した。三橋斧右衛門の長男であり、やはり八郎の従兄である。湊信八郎と同じく心形刀流の剣士として講武所剣術師範役をつとめている。四十歳。

湊信八郎から贈られた色紙というのは、和歌、俳句、書画などを書くための四角い上質の厚紙のこと。現代感覚では少しわかりにくいが、当時は贈り物によく用いられた。

一昨日、出雲寺で通鑑覧要を買い求め、代金は一両二分。字引節用集、伊呂波韵の二冊で金二朱だった。三条橋に首のない侍の死体があった。

出雲寺は寺ではなく、出雲寺文治郎という書店。「通《つ》鑑《がん》覧《らん》要《よう》」は中国の歴史書「資《し》治《じ》通《つ》鑑《がん》」の要点を記した本である。一両二分だったというので、一両を十万円とすれば現在の価値で十五万円。大部の本とはいえ、かなり高価な買い物を八郎もしたものだ。「字引節用集《じびきせつようしゅう》」、「伊呂波韵《いん》」は辞書。「通鑑覧要」を読むのに使用したのだろう。金二朱ならば現在の一万二千五百円に相当する。八郎は京都に滞在中、勤務の合間をみて学問にいそしもうと思っていたのだろうか。

三条大橋に侍の死体が放置されていたことについては、鍵屋長治郎の「幕末維新京都町人日記」には記されていない。幕末の動乱期に突入した京都では、殺人がそれほど珍しいものではなくなっていたということか。

同(二月)十四日、雨天。今日(家茂が)ご参内された。父上はお供。私どもは当番なのでお供はしなかった。お帰りは四つ半時(午後十一時頃)だった。

家茂の御所参内に、秀俊は奥詰としてお供し、八郎は夜勤の当番にあたっているため随行しなかった。八郎の勤務は四日ごとにまわってきたが、それが日勤であるのか夜勤であるのかは不定だったようだ。

三十三間堂と伏見稲荷

同（二月）十五日、明け番のため、朝五つ時（午前八時頃）に帰宅した。今日、東福寺へ参詣。大仏と三十三間堂を見物。三十三間堂の前で昼食のため麁亭《そてい》に入った。耳塚を見物し、途中で雨にあって難儀した。伏見稲荷へ参詣し、宮がきわめて美しかった。

夜勤明けで午前八時頃に帰宅した八郎は、徹夜で仕事をしていたとは思えぬ元気さで、この日も京都観光に励んだ。おそらくは夜勤とはいっても、仮眠をとる時間は十分にあったのだろう。

東山の東福寺は、多くの塔頭を持つ大寺院で、当時から現在に至るまで紅葉の名所として知られている。八郎の行ったこの時期は、残念ながらオフシーズンだった。

大仏というのは方広寺のこと。豊臣秀吉が発願した大仏を安置するための寺として創建された。ただし大仏はたび重なる火災のために焼失し、八郎が見たのは四代目にあたる小規模な大仏だった。

この大仏方広寺の門前近くにあったのが、耳塚という奇妙な史跡。実は秀吉の朝鮮出兵の際、朝鮮兵の首をとるかわりに、耳や鼻を削いで持ち帰ったものを葬った塚である。八郎が見物中に急に雨が降ってきたというのも、何か因縁深い話に思える。

三十三間堂は、正式には蓮華王院本堂といい、内陣の柱の間数《まかず》が三十三あるところからこう呼ばれるようになった。「間」というのが長さの単位（一間《けん》が約一・八メートル）ではないことに注意。約百二十メートルもある西側の縁で、一昼夜に何本の矢を射通せるか競う「通し矢」が、江戸時代からおこなわれていることで有名である。

三十三間堂を見物したあと昼食にした八郎は、午後からは伏見稲荷にまで足を延ばした。伏見稲荷の本殿背後から続く千本鳥居は、現代でも有名な観光スポット。幻想的に連なる朱塗りの鳥居を八郎も見ただろうか。

帰り道、二条通りで夕飯を食べ、鯉、もろこ、玉子焼き、きわめて高値だった。夜五つ時（午後八時頃）帰宅した。

夜勤明けで京都観光にいそしんだ八郎の一日は、宿所近くの二条通りで夕食を食べて終了した。鯉《こい》は、代表的な川魚として江戸時代の人々には好んで食され、健康にもいいといわれていた。特に、「精力がついて髪の毛が禿げない」効能があるとされていたが、八郎が意識していたかどうかはわからない。
もろこというのはコイ科の小ぶりな魚で、京都に近い琵琶湖の名産だった。美味なことで知られ、現在も京都の料亭などで高値で出されている（らしい）。江戸ではおそらく食べたことがなかっただろうから、八郎もこれを食べて京都を感じたことだろう。

同（二月）十六日、父上は御番。朝、馬の稽古をし、それから不破へ出席した。児玉氏から魚をいただいた。

宿所の鈴木重兵衛が馬術の師範なだけあって、八郎も乗馬の稽古が容易にできる環境にあったようだ。朝の稽古後、次に八郎は不破稽古場（道場）に剣術稽古に出かけている。児玉氏は、講武所剣術教授方の児玉益之進と思われる。

同（二月）十七日、朝、稽古に出席し、終日家にいた。

不破稽古場に連日通い、剣術稽古に励む八郎だった。「出席」という表記は日記原本のままで、当時は剣術稽古に出ることを「出席」と表現した。

大丸で買い物

同（二月）十八日、朝五つ時頃（午前八時頃）から父上のお供で大丸へ参り、色々な買い物をした。昼食をご馳走になり、八つ時（午後二時頃）に帰宅した。野呂鐵之丞殿が来た。私は当番なので七つ時（午後四時頃）に出勤した。（家茂が）ご乗馬になられるはずだったが、延期となった。夜は寝なかった。

大丸は、正式名称を大文字屋という呉服屋で、丸の中に大の字をあしらった商標が有名になり、大丸と広く呼ばれるようになった。

幕末の京都では、東洞院御池と松原寺町西の二軒で営業していたが、八郎と秀俊が買い物に行ったのは、宿所からの距離を考えると東洞院店のほうであっただろうか。ちなみに松原店には、前年四月に幕府の新選組がやってきて、有名なだんだら染めの制服羽織を作ったという話が残っている。

野呂鐵之丞は未詳。八郎は夜勤であったので、午後四時に二条城に登城した。この夜は仮眠をとることもなく、「よひ（宵）不寝」であったと日記に記されている。


同（二月）十九日、五つ半時頃（午前九時頃）、明け番となった。長徳院が稽古の見物に来た。ほか一人が一緒だった。夜に入り、お城からのお達しがあったので、湊氏に宇治行きを断りに行き、前田舎人殿の家へ行って、そばをご馳走になった。


八郎は夜勤でこの日は寝ていなかったはずだが、長徳院の住職が稽古の見物に来たと書いているところをみると、剣術稽古にだけは参加したのだろうか。さすがに剣術好きの八郎だった。

奥詰で従兄の湊信八郎とは、一緒に宇治へ行くことになっていたようだ。それが、二条城から急な仕事の連絡が入ったので、宇治行きの中止を湊に伝えに行ったのだろう。

そのあと、前田舎人《とねり》の家へ行き、そばをご馳走になったとあるが、この前田も宇治行きを予定していたメンバーだったものか。前田舎人は、奥詰で講武所剣術教授方。八郎らと一緒に上京した一人だった。三十八歳。

同（二月）二十日、今日、お城で剣術方五十人が（家茂に剣術を）ご上覧申し上げた。私は大内志津摩と試合をし、二度目に沢隼之助殿と試合した。下緒、小菊紙、扇子を拝領した。昼九つ時（正午頃）に帰宅した。父上はあとに残られて、夕方お帰りになった。それからまた夜番に出勤された。

講武所剣術方五十人が二条城に召され、将軍家茂に剣術の腕を披露した。前日に入った急な仕事というのは、この剣術上覧だったようだ。

剣術方五十人は、みな八郎と同じ頬（組）の者だっただろうか。大内志津摩は八郎と同格の講武所剣術方、沢隼之助は奥詰で、剣術世話心得をつとめるベテラン剣客だった。

試合の勝敗などは記録されていないが、八郎は家茂を満足させる剣技を披露したのだろう。刀の下げ緒、小菊紙（上等な和紙）、扇子を下賜されている。

同（二月）廿一日、朝、稽古に参り、午後から三橋準三殿の所へ参り、夕方に忠内氏がおいでになった。夕飯を差し上げ、鯛をいただいた。

三橋準三は、講武所剣術世話心得をつとめる剣客で、八郎と一緒に剣術方の一員として上京した。同姓の三橋虎蔵とは親類と思われるが未詳。

忠内次郎三は前出の講武所剣術教授方。鯛《たい》は諸魚の中でも最も上等とされ、昔から祝儀などの贈り物に用いられた。忠内の持参した鯛は、さっそく塩焼きなどにされ、夕食の膳に出されたことだろう。

風呂好きな八郎

同（二月）廿三日、湊氏そのほか奥詰十人ほどで宇治へ参り、宇治のあたりの菊屋で休み、昼食にした。平等院、宇治橋のあたりは景色がきわめてよかった。頼政の甲冑、本多氏の槍、その古物をいろいろ見物した。茶を六百文で買った。黄檗山を見物し、唐のような景色だった。

延期になっていた宇治観光がこの日実行された。メンバーは八郎と、湊信八郎ほか奥詰十人ほどであったことがわかる。

宇治は当時から風光明媚な観光地で、日本を代表する茶の産地として知られている。特に平等院は現在、世界遺産に登録されており、鳳凰《ほうおう》が羽を広げた姿に見える鳳凰堂は京都屈指の観光スポット。八郎も名高い宇治・平等院を拝観して、感激もひとしおだったようだ。

源頼政は、鵺《ぬえ》退治で知られる源平時代の武将。宇治で平氏と戦って敗死した。平等院の塔頭・最勝院には墓もあるが、頼政が着用した甲冑《かっちゅう》というのは現在は残っていない。八郎が訪れたときにはまだ保存、展示されていたのだろうか。

また、本多氏の槍というのは、徳川四天王のひとり本多忠勝が使った名槍「蜻蛉切《とんぼきり》」のことと思われる。ただ、忠勝と宇治の地には深い関係というのはなく、槍が本物だったかどうかはわからない。もちろん現存もしていない。

茶どころの宇治とあって、八郎はしっかりと土産に宇治茶を買っている。分量は不明だが値段は六百文。幕末期には金一両は銭六千五百文にあたるので、一両を十万円とすれば一文が約十五円になり、六百文は約九千円ということになる。やや高い茶だったようだ。黄檗山《おうばくさん》を見物したというのは山を見たのではなく、黄檗山万福寺という寺に詣でたという意味。同寺の建物には明（中国）の伽藍様式が取り入れられているので、八郎のいうように、まさしく「唐のような景色」であったことだろう。

帰り道は舟に乗った。宇治川の両岸は絵のような美しさだった。伏見京橋へ着き、竹田街道を帰った。夜四つ時（午後十時頃）前に帰宅した。湊氏の旅宿へ湯に参った。筒井氏は不快。江戸から書状が届いた。

宇治観光から帰ったあと、八郎は同行した湊信八郎の宿所に風呂に入りに行っている。当時の京都に銭湯（湯屋）はあったが、八郎の日記に銭湯に行ったことは一切出てこない。そのかわりに同僚たちのほうぼうの宿所を訪れ、入浴を楽しんでいる様子が記されているのだ（一緒に入浴しているわけではないだろうが）。

おそらく八郎は、江戸の自宅にいるときは銭湯をあまり利用したことがなく、もっぱら自宅に設けられていた家風呂に浸かっていたのだろう。剣術道場を併設していた伊庭家には、当然のようにしっかりした家風呂が設けられていたはずで、八郎は生まれてこのかた銭湯に入る必要というものがなかったのではないか。

　銭湯嫌いのようにもみえる八郎の行動には、そういう背景があったのではないかと思えるのである。

　同（二月）廿四日、城での初めての稽古に出席した。早昼に参上した。筒井氏は具合が悪く参加しなかった。九つ時（正午頃）過ぎから試合が始まり、七つ時（午後四時頃）に終わり、帰宅した。忠内氏の所へ入湯に参り、ご馳走になった。夜五つ時（午後八時頃）に帰宅した。

　普段は不破稽古場で剣術の稽古をするが、この日は初めて二条城で稽古がおこなわれた。ちなみに今回はあくまでも稽古であって、二条城での勤務とは別ものなので、勤務実績にはカウントされていない。

　筒井氏は、講武所剣術方の筒井伊三郎。前日から体調を崩していたようだが、この日の日記の書き方から推定して、八郎と同宿の者だったのではないだろうか。

稽古を終えて帰宅した八郎は、忠内次郎三の宿所に行って入浴し、夕食をご馳走になっている。毎日を楽しく過ごす八郎だった。

戸田祐之丞の不始末

同（二月）廿五日、早稽古に参り、終日家にいた。父上は戸田氏、今堀氏、三橋氏と同行して祇園あたりへお出かけになり、瀬戸物類をお買いになった。

剣術の朝稽古に出たあと、八郎は珍しく宿所から一歩も出なかったようだ。それに対して父の秀俊は、奥詰の同僚三人と連れ立って、京都の代表的な繁華街である祇園に出かけている。

戸田氏は、奥詰・剣術世話心得の戸田祐之丞《ゆうのすけ》。今堀氏は、奥詰・講武所頭取並の今堀登《いまほりと》代太郎《よたろう》、三十九歳。三橋氏は前出のとおり奥詰・剣術師範役の三橋虎蔵、四十歳。彼らの上京時の頬（組）分けは定かではないが、秀俊も含めた四人は気の合う同僚たちであったのだろう。

同（二月）廿六日、今日は当番なので、早朝に出席した。三郎と筒井氏が夕方帰宅した。

この記述だけでは意味がとりにくいが、「夕方から夜勤当番なので、早朝に剣術稽古に出席した」という意味である。

三郎は、八郎の実弟。年齢は八郎より三歳下の十八歳だった。これまで日記には登場しなかったが、八郎と一緒に講武所剣術方として上京していたのだろう。この三郎が筒井伊三郎とともに夕方帰宅したという記述から、二人とも八郎と同宿であることは確実となった。

同（二月）廿七日、早朝に帰宅した。それから稽古に出席した。徳田貢殿が来た。戸田祐之助殿が不始末いたし、大野倹次郎殿が来た。終日家にいた。

八郎は夜勤明けにもかかわらず、剣術稽古には熱心だった。徳田貢は未詳。戸田祐之丞

（助）は二日前に秀俊と一緒に祇園に行った奥詰の者だが、その戸田が何か不始末をしでかしたという。

戸田の不始末の内容は、八郎の日記では詳細がわからないものの、「甲子雑録」に顚末が記されている。それによれば、知人の佐藤安次郎という者が幕府の新選組に入隊したと思い込んだ戸田が、壬生《みぶ》の新選組屯所に佐藤を訪ねに行った。

しかし、新選組側ではそういう者はいないと突っぱね、酒に酔ったうえに夜間にやってきた戸田を非常識だと嘲笑した。この新選組の態度に逆に腹を立てた戸田が、抜刀して大騒ぎになったという事件である。けが人は出なかったものの、この戸田の行動はあとで大きな問題となる。

大野倹次郎は、越後新発田《しばた》藩士で心形刀流を秀俊に学んだ剣客。三十一歳。八郎らとともに上京していたメンバーというわけではなく、たまたま京都にいて旧知の秀俊や八郎のもとを訪れたもののようだ。したがって、戸田祐之丞の事件とも関係はない。

愛宕山と片倉小十郎の額

同（二月）廿八日、湊氏そのほか奥詰七、八人と落ち合い、愛宕山に参詣に行った。朝五つ時頃（午前八時頃）宿を出て、御室仁和寺、嵯峨野の釈迦如来へ参詣。それから愛宕山に登り、清滝でひと休みし、弁当を食べた。登りの途中で雨が降り出し、聞いていたよりも高い山で難渋した。天気のときは丹波亀山や、そのほか十か国ほどが見えるとのことだが、今日は雨なので少しも見えなかった。

八郎の京都観光は続き、この日は京都北西の霊山として知られる愛宕山《あたごやま》に、奥詰七、八人と一緒に参詣した。湊信八郎の名があるので、メンバーは五日前の宇治行きとほぼ同じであったと想像される。

まず、代々皇族が住職をつとめる格式高い仁和寺を見て、次に嵯峨野の釈迦堂として知られる清涼寺に参詣し、国宝の釈迦如来像を拝観した。それから愛宕山に向かうのだが、ふもとの清滝は愛宕山詣での休憩地、宿泊地として古くから栄えた場所。そこで八郎らも例にもれず、しっかりと弁当を食べて休憩している。

愛宕権現は、現在は愛宕神社と称す、全国に九百ほどもある愛宕神社の総本宮だ。山頂に社殿はあるが、愛宕山は標高九百二十四メートルで、観光というよりは登山と呼ぶほうがふさわしい。八郎も思っていたよりも厳しい道程に苦労した様子である。

しかも途中で雨に降られるという不運が重なった。道がぬかるんで難儀したうえに、期待していた絶景も見られなかったという、ついていない八郎だった。


御宮はきわめて美を尽くしていた。奥院も参詣した。地蔵菩薩、将軍の宮、仙台の片倉小十郎が奉納した額は広大だった。山上でひと休みし、それから下山した。清滝に七つ時（午後四時頃）に着いた。同所で休み、傘を借りて帰った。途中は難渋した。


愛宕山の登山には難渋した八郎だったが、頂上に建つ社殿や宝物にはそれなりに満足したようだ。特筆すべきは、片倉小十郎が奉納したという大絵馬額だろうか。

これは、奥州の戦国武将伊達政宗が大坂夏の陣に出陣する際、戦勝を祈願しようと家臣の片倉小十郎（二代・重綱）を愛宕権現に遣わした。戦は見事勝利することができたため、小十郎が成就御礼として、烏天狗《からす》が愛宕の神の使いとされる猪にまたがって疾走する姿が描かれた巨大な絵馬額を奉納したものである。

この額はその後、火災で焼失してしまったが、三代目片倉小十郎（景長）によって同じ図柄の絵馬額が再度奉納され、引き続き由緒ある額として保存、掲示されている。幕末に八郎が見ることができたのはこの額だった。

驚いたことに、なんとこの絵馬額は現存する。現在も愛宕神社の本殿の裏手に当時のままに掲げられているのだ。「片倉小十郎が奉納し、伊庭八郎が見た絵馬額」として、大いに価値の高まりそうな予感のするお宝である。

天子の陵を拝した。広沢の池は景色がよかった。夕七つ半時頃（午後五時頃）に帰宅した。三橋氏がおいでになり、湯に入った。夜になり戸田祐之助殿のことで、父上は所々へお出かけになった。戸田氏は町奉行の滝川へお呼び出しになり、ご吟味の上、揚り屋へ参られた。

愛宕山を下山した一行は、行きと同様に清滝で休憩し、まだ雨が降っていたので傘を借りて帰路についた。

途中、天子の陵を拝したとあるが、どの天皇の陵であるかはわかっていない。広沢の池の近くであることは確かなので、候補となるのは文徳天皇陵か。八郎の目を引いたであろう立派な円墳形の陵である。

広沢の池は古来より風景の美しい池として知られ、現在では時代劇のロケ地としてよく使われることで有名。

こうして愛宕山観光を終えた八郎は、帰宅後、さっそく風呂をわかして入った。三橋虎蔵が八郎の所で入湯していったというので、この三橋も愛宕山行きのメンバーであったと考えられる。

夜になると、前日の戸田祐之丞の事件のことでいろいろと騒がしくなった。新選組に対しておこなった無礼な行為は捨て置けないということで、戸田は京都西町奉行の滝川播磨守（具挙《ともあき》）の呼び出しを受け、取り調べのうえ揚屋《あがりや》（留置所）に入れられたというのだ。

八郎は、自分がのんきに京都観光をしている間に、よく知る戸田が牢屋に入れられるほどの大ごとになっているとは思っていなかっただろう。

同（二月）廿九日、朝稽古に出席した。勝氏が烏帽子ができたとのことで持参された。戸田氏のことについて、遠慮して差し控えた。

勝氏は、勝与八郎と思われる。講武所の槍術のほうの師範役で、奥詰として今回上京した。五十四歳の重鎮。烏帽子《えぼし》は武士が儀式のときに使うかぶり物だが、何に使おうとしていたものか。

戸田祐之丞の事件について、なんと八郎が差し控え（謹慎）となった。もちろん八郎には関係はなく、秀俊が事件の直前まで戸田と一緒にいた者として差し控えとなり、そのあおりを受けて父子ともにということになったのだろう。

第二章

天ぷら、二羽鶏、どじょう汁

元治元年(一八六四年)三月

天ぷらを催す

三月朔日、今日は当番のところ、差し控えているため、忠内氏にこれをお断り申し上げ、終日家にいた。夕方に浅井が帰宅した。

この年の二月は小の月であるため、二十九日までで終わる。現在とは違って当時は旧暦なので、二月が二十八日までという年はなく、逆に三十日までの年があることに注意したい。

三月一日は、八郎にとって四日に一度の二条城勤務の日だったが、差し控えの身であるため登城することも控えた。忠内次郎三にそのことを届け出ていることから、八郎は忠内の頬（組）に所属していたと考えられる。

浅井は未詳。講武所剣術方に浅井四《し》郎《ろう》五《ご》郎《ろう》という人物がいるので、その人かもしれない。

同（三月）二日、今日も同様につき、稽古を休む詫び状を出した。不破氏から四つ時

(午前十時頃)に書状が来て、九つ時頃(午前零時頃)に差し控えは御免になった。これは毎度の行き違いということだ。天ぷらを催すことになったので、浅井氏、武司と同行していろいろ買い物に参ったところ、何もかも高値なのには驚いた。

この日も差し控えのため剣術稽古を休んだ八郎だったが、不破氏から連絡があり、すでに前日の深夜零時に許されたということだった。もとより事件は戸田祐之丞個人の問題であり、伊庭父子には無関係であったのだから、当然の処置といえるだろう。

自由の身になった八郎は、さっそく同宿の浅井氏、武司と連れ立って、天ぷらの具材を買いに出かけた。武司というのは八郎の弟の三郎のことだが、「征西日記」ではなぜか名前が二通りに書かれていて、まぎらわしい。

当時の天ぷらは、すでに人々の食卓に上る料理になっていて、エビ、アナゴ、コハダなどに衣をつけて、ごま油で揚げて食べるのが好まれた。ただ江戸では火事を出すのを懸念して、一般家庭での食事というよりももっぱら外食として広まった。

特に、より火災を避けるために路上に屋台を出して食べさせる方式が受けて、天ぷらを楊枝に刺して気軽に口にする、現代でいうファストフードのようなものとして流行した。

八郎も江戸ではよく食べたことだろう。
そんな天ぷらを、具材をいろいろ買い込んで、宿所で油を使って皆で食べようという八郎。「天ぷらを催し」というのは日記原文のとおりであり、これから天ぷらパーティーでも始まるのかと思わせる楽しげな姿だった。

桃の節句

同（三月）三日、節句のため方々でにぎわっていた。今日、京の与力、同心が剣槍をご上覧いただくにあたり、講武所剣術方五十人ほどが相手を仰せ付けられた。昼時から参上し、七つ半時（午後五時頃）に帰宅した。今日の人数は二百人ほどだったそうだ。夕方、三橋準方へ入湯に参った。今日、七条あたりで火事があった。

節句というのは、当時の人々に大事にされた季節の節目で、なかでも人日《じんじつ》（一月七日）、上巳《じょうし》（三月三日）、端午《たんご》（五月五日）、七夕（七月七日）、重陽《ちょうよう》（九月九日）の五節句は、江戸幕府によって祝日と定められていた。旧暦の三月三日は桃の花が咲く季節であることから、桃の節句とも呼ばれ、特に女の子の成長を祝う日として庶民に親しまれた。

この日は庶民の多くは仕事を休んだが、八郎ら武家にはそれはなく、二条城に召集されている。京都町奉行所の与力、同心たちが将軍家茂に剣槍の腕を披露するというので、八郎を含む講武所剣術方五十人がその相手役をつとめたのだった。

剣術方五十人の中には三橋準三もいたのだろう。帰宅後、八郎は準三の宿所に行き、一緒に風呂で汗を流している。家風呂が好きな八郎としては、ほっとできる時間だった。


同(三月)四日、忠内氏と同行して五条坂へ陶器を買い物に参り、色々なものを買って昼頃に帰宅した。食後、大塚運八殿、大橋彦助殿が来た。ほかに金沢、小幡、高橋、右の五人から酒をいただいたので、酒を出した。今日、昨日上覧の者へ与力勤めの者は銀七枚、同心勤めへ同五枚、部屋住みの次、三男は一同三枚ずつ拝領物があった。


大塚運八、大橋彦助ら五人については講武所の者と思われるが未詳。

前日の京都町奉行所の者たちに対する褒美がこの日に下されている。銀~枚というのは、武家社会における儀礼用の言葉で、銀一枚は四十三匁《もんめ》の丁銀一枚をあらわす。銀六十匁が金一両に相当するので、一両が現在の価値で十万円とすれば、四十三匁は約七万二千円。したがって町奉行所の与力には七枚だから約五十万円、同心には五枚で約三十六万円、部屋住みの者でも約二十一万円の褒美が支給されたことになる。奉行所の者にとっては、将軍に武芸を披露できるめったにない機会だったうえに、褒美まで下されて、感激きわまりなかっただろう。

同（三月）五日、今日、ご参内と仰せられていたところ、延期になった。児玉氏の所へ参り、夕方は当番。

この日、将軍家茂が御所に参内する予定だったものが延期になったようだ。児玉益之進は、前出の講武所剣術教授方。八郎は二月二十六日以来の二条城勤務で、また夜勤当番だった。

同（三月）六日、明け番で帰宅した。阿州から佐藤兄弟が稽古に参った。久しぶりに試合をした。昼過ぎに、筒井、武司、近鐘、三駒と同行して東寺、島原、東本願寺の飛雲閣を見物した。実に目を驚かせた。夕方に帰宅した。父上はお仲間のご用のため、夜分に男谷先生の所へ行かれた。

阿州は阿波国（徳島県）のこと。阿波徳島藩士の佐藤丞三郎、井後哲太郎の兄弟は家伝の心形刀流を修行し、さらに江戸に出て伊庭軍兵衛秀業・秀俊のもとで同流を極めた剣客だった。

その兄弟が、八郎らが上京していることを知ってなのか、京都までやってきて、顔見知りの八郎と再会を果たした。懐かしい二人と久しぶりの手合わせができて、八郎も嬉しそうな様子である。

夜勤明けにもかかわらず元気な八郎は、午後からは別の知人と京都観光に出かけている。筒井伊三郎、武司（三郎）は前述のとおり八郎と同宿で、近鐘は近藤鐘次郎《しょうじろう》、三駒は三枝《さえぐさ》駒次郎。いずれも講武所剣術方の者である。

東寺は五重塔が有名で、五十四・八メートルと当時の日本で一番高い建造物だった。八郎の目を驚かせたというのもうなずける。飛雲閣も、豊臣秀吉の聚楽第《じゅらくだい》の遺構を移築したといわれる見事な建物だったが、正しくは東本願寺ではなく西本願寺内にある。先日の金閣寺の記述といい、八郎はこういうところ、わりと大ざっぱだったかもしれない。
男谷《おだに》先生とあるのは、男谷精一郎（下総守《しもうさのかみ》）。直心影流《じきしんかげりゅう》の剣客で、後世に剣聖と呼ばれることになる達人だった。本所亀沢町に自らの道場をかまえる一方、幕府に講武所創設を建議した人物でもある。講武所剣術師範役から講武所奉行並に昇り、講武所内で重きをなしていた。六十七歳。

同（三月）七日、今日、ご参内のため早朝に出勤した。堀川通り長者町で、道をお固めした。下宿は砂糖屋。夕方に帰宅した。今日のご参内はこれまでになく美を尽くし、諸大名が上様の前後に行列した。三代将軍家のご参内を上まわるとのことだ。父上は布衣で今日初めてお供した。

将軍家茂の御所参内があり、八郎も道中の堀川通り長者町付近を警護した。長者町通りには上下二つの通りがあるが、二条城からのルートを考えると、下長者町通りのほうであっただろう。
下宿というのは、大名行列の供の者のための宿のこと。八郎らはもちろん宿泊をするわけではないが、警護のための休憩所として一軒の商家があてがわれ、それが砂糖屋ということだった。

秀俊は奥詰として行列に加わり、この日は初めて布衣《ほい》を着用していたとある。布衣は幕府の定めた服制の一つで、旗本下位の者が着る狩衣《かりぎぬ》の一種。秀俊は前年の十二月二十六日に二の丸留守居格に昇り、布衣の格を得ていた。

格を得たとしても実際には布衣の装束を着用する機会はほとんどないのだが、年明け早々に上京した秀俊は、この日将軍の御所参内にお供することで、さっそく布衣をまとう機会に恵まれたのである。なお、二月二十九日に勝与八郎が持ってきた烏帽子は、この日秀俊がかぶるためのものだったのかもしれない。

嵐山の渡月橋

同（三月）八日、朝、忠内氏が来た。五つ半時頃（午前九時頃）から嵐山へ見物に行った。太秦明神へ参詣した。この社は桜が多い。大悲閣へ参詣した。虚空蔵へ参詣した。嵐山は桜が盛りで景色がよかった。山のふもとで昼食。渡月橋は景色がよかった。

帰り道、二条通りで川魚を食べた。七つ時（午後四時頃）前に帰宅。夜になり、戸田氏の所へ入湯に参った。

非番の八郎は、この日は嵐山に観光に出かけた。朝やってきた忠内次郎三が、同行したのかどうかははっきりしない。

嵐山に向かう途中の太秦《うずまさ》にある太秦明神は、大酒《おおさけ》明神とも呼ばれ、当時は広隆寺の敷地内にあった。現在は同寺の東側に移転し、大酒神社と称している。この神社に立ち寄ってから、八郎は目的地の嵐山に向かった。

嵐山に着いた八郎は、嵐山（という山がある）の中腹に至り、大悲閣（千光寺）に参詣した。地味ではあるが、眼下に絶景が広がる眺望の寺である。

次に参ったのが法輪寺。本堂に虚空蔵菩薩《こくうぞう》が安置されていることから、地元では「虚空蔵さん」と呼ばれている。この日は現在の暦に直すと四月十三日。京都では桜はまだ盛りであったから、花見をしながらの昼食は格別だったことだろう。

そして嵐山の象徴ともいうべき渡月橋。鎌倉時代の亀山上皇が、満月の夜に舟遊びをしていたとき、月があたかも橋の上を渡るように見えたということから、そう呼ばれるようになったと伝えられる。風雅な由来を知っていたかどうかはわからないが、極上の景観は八郎を感激させるに十分だった。

嵐山観光からの帰宅後、風呂に入りに行った戸田氏というのは戸田祐之丞だろうか。しかし、祐之丞は揚屋入りしているはずなので、ここは別人の可能性が高い。上京している講武所剣術教授方に戸田三郎兵衛《さぶろべえ》（三十八歳）という人物がいるので、この三郎兵衛ではないかと推定しておきたい。

同（三月）九日、当番のため、早朝に出勤した。今日もご参内があった。舞楽のご上覧があった。父上もお供した。夕方に帰宅した。父上も同様。武司、伊三郎は泊まった。舞楽の番数、振鉾三節。還城楽四人。仁和楽四人。伽陵頻四人。胡蝶四人。太平楽四人。陪臚四人。春庭花四人。散手四人。陵王四人。納蘇利四人。退出、長慶子楽斗。

将軍家茂の参内にあたり、八郎は早朝に出勤し、護衛の任務についている。秀俊はお供をして御所に入ったと思われるが、八郎は道中警護をしたのみであったかもしれない。

御所内では舞楽《ぶがく》の披露がおこなわれ、日記には曲目と演者の人数が詳細に書き留められている。ちなみに舞楽とは、雅楽の種類の一つで、中国や朝鮮から伝来した舞とその伴奏音楽が組み合わさったもののこと。

普通の武士が鑑賞する機会はあまりなかったから、もの珍しさで記録したと思われるが、八郎は実際の演舞は観ていなかった可能性が高い。秀俊から話を聞いたり、曲目表を手に入れて日記に書き写したということのように思えるのである。

武司は八郎の弟の三郎の別名で、伊三郎は筒井伊三郎。彼らが泊まったというのは、二条城での夜勤当番という意味だろう。

八郎の日記はこのあとに、去る一月二十七日に家茂が参内した際に孝明天皇から賜った宸翰《しんかん》と、それに対して家茂が二月十四日に答えた奉答書の文面を載せている。

長文だが、「征西日記」全文を紹介するという本書の方針上、この文面も掲げておくこととする。

今上皇帝より将軍家へ送られた御書。

一、朕不肖の身を以て夙に天位を践み、忝くも万世無欠の金瓶を受け、恒に寡徳を恥じ、先帝と百姓とに背かんことを恐る。就中嘉永六年以来、洋夷頻りに猖獗来港し、国体殆ど云うべからず、諸価沸騰し、生民塗炭に困む。天地鬼神夫れ朕を何とか云わん。嗚呼これ誰の過ちぞや。夙夜これを思いて止むこと能わず。かつて列卿武将とこれを議せしむ。如何せん昇平二百有余年、威武を以て外寇を制圧するに足らざることを。若し妄りに膺懲の典を挙げんとせば、却って国家不測の禍に陥らんことを恐る。幕府断然朕が意を拡充し、十余世の旧典を改め、外には諸大名の参勤を弛め妻子を国に帰し、各藩に武備充実の令を伝え、内には諸役の冗員を省き入費を減じ、大いに砲艦の備えを設けり。実にこれ朕が幸せのみに非ず、宗廟生民の幸せなり。かつ去春上洛の廃典を再興せしこと、もっとも嘉賞すべし。豈料らんや藤原実美等鄙野匹夫の暴説を信用し、宇内の形勢を察せず、国家の危殆を思わず、朕が命を矯て軽卒に攘夷の令を布告し、妄りに討幕の師を興さんとし、長門宰相の暴臣の如きその主を愚弄し、故なきに夷船を砲撃し、幕使を暗殺し、実美等を本国に誘引す。此の如き狂暴の輩、必ず征討せずんばあるべからず。然りといえども、皆これ朕が不徳の致す所にして実に悔慙に堪えず。朕また惟えらく、我の所謂砲艦は彼が所謂砲艦に比すれば、未だ慢夷の胆を呑み国威を海外に顕すに足らず。却って洋夷の軽侮を受けんが故に頻りに願う。

入りては天下の全力を以て摂海の要津に備え、上は山陵を安じ奉り下は生民を保ち、また列藩の力を以て各その要港に備え出ては数艘の軍艦を整え、無飫の醜夷を征討し、先皇膺懲の典を大にせよ。夫れ去年は将軍久しく在京し、今春もまた上洛せり。諸大名もまた東西に奔走し、或いは妻子をその国に返らしむべなり。費用の武備に及ばざること、今よりは決して然るべからず。勉めて太平因循の雑費を減省し、力を同じ心を専にし、征討の備えを精鋭にし武臣の職掌を尽くし、永く家名を辱めることなかれ。嗚呼汝将軍及び各国大小名、皆朕が赤子なり。今より天下の事、朕と共に一新せんことを欲す。民財を耗すことなく、姑息の奢りを為すことなく、膺懲の備えを厳にし、祖先の家業を尽くせよ。若し怠惰せば特に朕が意に背くのみに非ず、皇神の霊に叛くなり。祖先の心に違うなり。天地鬼神もまた汝等を何とか云わん。

文久四歳甲子春月

同御請

一、去月廿七日拝見仰せ付けられ候

宸翰の叡旨は、御即位已来皇国の災禍を悉く聖躬の御上に御反求あらせられ候勅諭にて、誠に以て恐惶感泣の至りに存じ奉り候。倩幕府従前の過失自反仕り候えば、多罪の至り存じ奉り候。臣家茂、不肖の身を以て徒に重任を辱め紀綱不振、内外の禍乱相踵頻年宸襟を悩ませ奉り候て已ならず去春上洛の節、攘夷の勅を奉ずといえどもその事実遂に行われ難く、横浜鎖港の談判すら未だ成功の期限も量り難く、折柄再命に依りて上洛仕り候上は極めて逆鱗に触れ、厳譴を相こうむるべきは素より覚悟仕り候ところ、意外の宸賞を蒙り奉り候て已ならず至仁の恩諭を以て、臣家茂ならびに大小名を赤子の如く御親愛、将来を御勧誡あらせられ候条、臣家茂一身の上に取り海岳の鴻恩実に以て報答奉るべき様もこれ無く候。自今以後、万事の旧弊を改め諸侯と兄弟の思を成し、心力を合わせ臣子の道を尽くし、勉めて太平因循の冗費を省き、武備を厳かにし内政を整え生民蘇息致し、摂海防禦は勿論、諸国兵備を充実仕り、洋夷の軽侮を絶ち砲艦を厳整して、遂に膺懲の大典を興起いたし、御国威を海外に輝耀すべき条件等いよいよ以て勉励仕り、恐れ乍ら宸襟を休んじ奉りたく存じ奉り候事に御座候。併しながら膺懲妄挙仕りまじきとの叡慮の趣は堅く遵奉仕り、必勝の大策相立て候様仕るべく存じ奉り候。横浜鎖港の議は既に外国へも使節差し出し候儀に御座候えども奮発勉励仕り、大計大議は委に国是を定め宸断を仰ぎ奉り、皇国の衰運を挽回して、外は慢夷の胆を呑み、内は生霊を保ちて叡慮を安んじ奉り、上は皇神の霊に報じ奉り、下は祖先の遺志を継述仕りたく存じ奉り候。これすなわち臣家茂の至誠懇禱に御座候。これに依りてこの段御請申し上げ奉り候。臣家茂、誠恐誠懼頓首謹言。

「征西日記」にはあまり似合わない、天皇と将軍の長文の往復書簡である。八郎がこれらをなぜ日記に書き留めたのかはわからないが、二月十五日に家茂は在京の諸大名を二条城に召集し、これらの書簡を一同に示している。また二月二十日にはやはり諸大名を召集したうえで、書簡についての意見を各々に述べさせている。

そうした中で、八郎も両書簡の写しを入手する機会があったのだろう。書簡に対する八郎の意見は記されておらず、本当はあまり興味はなかったのかもしれないが、天皇と将軍の往復書簡などというのは、そうそう目にできるものではない。これは日記に書き留めておかねばと、八郎が思ったとしても無理はなかっただろう。

同（三月）十日、朝、島田氏の所へ参り、ご馳走になった。九つ半時（午後一時頃）に帰宅した。夕方、柴原武雄殿が久々に参って面会した。夕飯を食べて帰られた。

島田氏は、講武所の者と思われるが未詳。柴原武雄も未詳。久々に参って面会したとあるので、こちらは講武所以外の者であっただろう。このあとも日記には何度か登場する。

同（三月）十一日、朝、稽古に参った。父上は当番。昼食後は家にいた。忠助、三吉を嵐山へ遣わした。大塚運八が来た。

忠助と三吉は未詳だが、八郎の従者であっただろうか。今回の上京にあたっては、奥詰一人につき三人、剣槍方一人につき二人の従者が、主人に従って京都に上ったことがわかっている。とすれば、忠助と三吉が八郎の従者であった可能性はある。

嵐山には特に用事はなかったのではないか。嵐山に先日行ったらいい所だったから、たまにはお前たちも息抜きをしておいで、というようなことを八郎がいったのかもしれない。

二羽鶏が届く

同（三月）十二日、朝、柴原武雄殿が稽古に参った。同行して出席した。昼過ぎに不破氏から二羽鶏が届いた。湊氏が二人でやってきたので、旅宿で夕飯を食べた。湊氏、忠内氏がおいでになった。夕方、刀屋が来た。戸田栄之助の門人と試合した。

柴原武雄がこの日もやってきて、八郎とともに不破稽古場で汗を流した。柴原が講武所の者でないとすれば、剣術稽古にわざわざ出向いたというところからみて、心形刀流の関係者であったのかもしれない。

昼過ぎに不破から鶏が届いたというのも、柴原の来訪を歓迎してのことだろうか。鶏は当時もっぱら家畜として飼われ、煮たり焼いたりして食べられた。日記に二羽鶏と表記されているのは、二羽届けられたというのではなく、「にわとり」の当て字だったとも思われる。

その後、湊信八郎と柴原が一緒にやってきて、鶏をおかずにして夕食を食べたということならば話がわかりやすいのだが、忠内次郎三も来たことになっている。八郎の日記には、こうした解釈に困る記述が時折見られるのが悩ましいところである。戸田栄之助という人物が登場し、前出の奥詰・戸田祐之丞の誤記かとも思わせるが、そうではなく別人。栄之助は一心斎とも称する直心影流の剣客で、京都河原町に剣術道場をかまえていた。五十五歳。

達人として声望が高く、門人の数は千人を超えていたと伝わっている。今回上京した講武所方の中にも、男谷精一郎をはじめとして直心影流の者は多かったから、その縁で門人某が八郎と手合わせすることになったのだろう。

日記はこのあとに、筆者不明の断簡が挟み込まれ、流れがわかりにくくなっているのだが、ひとまず掲げておく。

一、去る十四日、勅答書の旨、横浜鎖港の一条御取扱不分明につき、一橋中納言御訊ね向きの処、もっとも鎖港の成功は是非とも奏すべき条、更に御書き取り言上の旨、聞食され候事。別紙を以て仰せ出され候通り、尽力勉励これあり候御沙汰の事。横浜鎖港の儀、精々成功を遂げられるべく、かつまた諸国兵備充実致し、洋夷の軽侮を絶ち候との趣き叡聞に達し候処、この上は惣国の守禦緊要の事に候。差し当たり摂海の要港急務たる上は神速その功蹟相顕れ人心安堵、数年を経ず征夷の実相行い、叡慮を安んじ奉り御沙汰候の事。

右の勅書は一橋侯がたまわったものというが、事実はつまびらかでない。

この断簡は、前掲の将軍家茂の奉答書に対して朝廷から出されたもののようだが、詳しいことはわからない。八郎自身でさえも、一橋慶喜がたまわったものというがはっきりしないと書いている。ひとまずはこのままにして掲げておくことにしたい。

同（三月）十三日、朝、浅香氏、筒井氏と同行して五条坂へ陶器を買い物に参り、帰り道に建仁寺を見物した。魚□（原注・虫ばみ）で買い物をした。午後、今堀氏がおいでになった。伊庭七兵衛殿がおいでになり、砂糖漬けを持参された。酒を出した。夕方、当番に出勤した。

非番の八郎は、浅香氏（未詳）、筒井伊三郎と連れ立って、五条坂へ陶器を買いに出かけている。陶器というのはもちろん清水焼。現在でも清水寺へと続く五条坂では清水焼の店が多数並び、観光客のみやげ物屋として繁昌しているが、幕末の頃もまったく同じだったようだ。

帰り道に八郎らが寄った建仁寺は、京都屈指の禅寺。広い敷地に立ち並ぶ伽藍を見物しただけで満足してしまったのか、同寺所蔵の俵屋宗達画「風神雷神図」を見たことは日記に書かれていない。公開されていなかったのだろうか。

帰宅後にやってきた今堀登代太郎は、前出の奥詰で講武所頭取並をつとめる人物。伊庭七兵衛は未詳。八郎の親族のようにも思われるが、確かなことはわからない。

その伊庭七兵衛が砂糖漬けを持参したとあるが、何の砂糖漬けだったのだろうか。当時は、ナス、キュウリ、ゴボウ、ニンジン、レンコンなどの野菜を砂糖漬けにしたり、またそれらを固めて菓子にしたものがあった。贈答用という用途を考えれば、七兵衛が持ってきたのは砂糖漬けの菓子だったに違いない。

どじょうを料理

同（三月）十四日、明け番で帰宅した。それから稽古に行った。水谷虎之助殿が久々においでになり面会。昼過ぎまで話した。銭屋で鍔を買った。代金は三分二朱。昨日、途中で雲上明鑑を買った。代金は一朱と百文。今日、三分の一の御手当金、十四両二分二朱。わらじを買った。代金は四十文ずつ。父上のほうも同様に御手当金が下された。

夜勤明けにもかかわらず、不破稽古場での剣術稽古に励む八郎だった。久々にやってきたという水谷虎之助は播磨龍野藩士で、かつて八郎の実父・伊庭軍兵衛秀業のもとで心形刀流を学んだ剣客。八郎らが上京していることを知り、訪ねてきたのだろう。

午後からは八郎は買い物に出かけ、刀の鍔《つば》を三分二朱で購入した。金一両を仮に十万円とすれば、八万七千五百円である。

前日に買った「雲上明鑑《うんじょうめいかん》」というのは、公家の人名録のこと。江戸時代においては、それなりに需要があったらしい。代金一朱百文ならば約七千七百五十円だ。また、わらじの代金は四十文というから約六百円だった。

この日、お手当金の三分の一が出たとある。講武所の者たちの本来の俸禄ではなく、上京にあたっての手当ということだろう。金額は十四両二分二朱で、百四十六万二千五百円。この三倍の額すなわち約四十四両が、講武所の者一人あたりに用意された出張手当だったようである。

中根氏がおいでになり、先日お城の詰め所で、上様がお成りの際に、にわかに鍵を見失って難儀したとの話を聞いた。どじょう代、百二十四文。先日の魚代、二百五十文。

中根氏は、講武所剣術教授方・奥詰として上京していた中根芳三郎《よしさぶろう》。四十歳。八郎には前述したように中根淑という名の親友がおり、この日の中根氏も淑ではないかとみる向きもあるが、淑のほうは講武所の一員として上京した事実がないため否定せざるをえない。

どじょうは夕食に食べたのだろうか。当時のどじょうは、ゴボウやダイコンと一緒にみそ汁にしたどじょう汁や、柳川鍋の通称で知られるどじょう鍋にして食された。銭百二十四文とあるので約千八百六十円。うなぎよりも安価で、手軽な食材だったので庶民に好まれた。八郎も京都滞在中に何度かどじょう汁として食べている。

同（三月）十五日、朝、稽古に参り、昼時に帰宅した。三郎、亥三郎と同行して外出し、鍔を買い求め、浅香の所で本を借りた。父上は稽古に出勤され、夕方に帰られた。風呂を沸かした。虎三郎殿、虎蔵殿がおいでになった。父上は泊まり番。中間が今日から参り、名は重助という。

亥三郎と記されているが、筒井伊三郎のことだろう。虎蔵は前述のとおり三橋虎蔵だが、虎三郎というのは、このとき上京していた講武所奉行支配取締役の三橋富太郎《とみたろう》の誤記と思われる。虎蔵との血縁関係については不明。

中間《ちゅうげん》というのは武家奉公人の一種で、足軽と小者の中間の身分であったことからこの名がある。刀は脇差しか差すことを許されず、名字も名乗ることができなかった。重助という名の中間がこの時期に雇われた経過はよくわからないが、以後、伊庭父子に近侍して働くことになる。

銘菓・菓子舗

同（三月）十六日、明け方から御室八十八ヶ所、ならびに御室仁和寺の桜を見物した。四つ時頃（午前十時頃）に帰宅。市橋信一郎殿、講武所詰並を仰せ付けられ、これについてご同苗伝七郎殿から使者が来てお礼をいってよこされた。稽古に出席し、昼時に帰宅した。

この日、八郎がためしたのは、御室《おむろ》八十八ヶ所巡り。当時から四国八十八ヶ所巡礼がよく知られていたが、実際に四国全土を巡るのは困難だったため、京都仁和寺の住職が仁和寺の裏山に四国の霊場に見立てた八十八棟の堂を建て、霊場巡りを擬似体験できるようにしたものだった。

道程は三キロメートルほどで、現在でも二〜三時間あれば踏破できるコースである。八郎も明け方から宿所を出てスタートしたので、午前十時には早くも帰宅している。肝心の霊験は八郎にあったのだろうか。

この年の三月十六日は、現在の暦では四月二十一日にあたる。普通ならば桜の季節ではもうないが、仁和寺の周囲に植えられた御室《おむろ》桜は、丈が低く開花時期が遅い別の品種だった。この御室桜の開花に合わせて、八郎は八十八ヶ所巡りをしたのだろう。

市橋信一郎は未詳だが、講武所方として上京していた者と思われ、滞京中に昇任したようだ。それを同姓の伝七郎という人物が知って、伊庭父子に礼をいってよこしたということらしい。この市橋伝七郎は講武所の者ではなく、持筒頭《もちづつがしら》として今回の上洛に加わっていた幕臣。四十六歳。信一郎の親でないとすれば親類であったのだろう。

今日、ご扶持が渡されるので、父上が戸田氏、中根氏と同行して加藤氏の所へ行かれた。柴原氏が来た。戸田氏の所へ入湯に行った。今日、槍術方の者のご上覧があった。ご扶持方三十日分、金五両三分二朱。三枝氏から菓子鮎をいただいた。御室で茶代二十四銅を支払った。

八郎の父・伊庭秀俊は、二の丸留守居格として四百俵の禄高と、講武所剣術師範役として十五人扶持、それに奥詰として十人扶持の手当を受けていた。このうち扶持については毎月支給されることになっていたため、二十五人扶持の一か月分、金にして五両三分二朱

(五十八万七千五百円)がこの日支給されたのである。

加藤氏は、講武所の槍術師範役で奥詰の加藤平九郎と思われる。二の丸留守居格であったから、秀俊とまったく同格の武士だった。秀俊、戸田(三郎兵衛と推定しておく)、中根芳三郎が扶持受け取りのために加藤の所におもむいているところから、取りまとめ的なことを担当していたのかもしれない。

三枝氏は、講武所剣術方の三枝鎌太郎《かまたろう》。持参した「菓子鮎《かしあゆ》」というのは、菓子と鮎のことではないので注意したい。鮎の形をした菓子のことである。求肥や餡を小麦粉生地を焼いた皮で包み、鮎のような見た目に整えた「鮎菓子」は、現在でも銘菓として広く愛されている。

魚の鮎は夏の風物詩であり、現代の鮎菓子は鮎漁の解禁に合わせて夏限定の菓子として売られることが多い。晩春のこの時期に鮎菓子を贈られた八郎は、求肥と薄皮のほどよい甘さに、ひと足早い初夏を感じただろうか。

同(三月)十七日、当番のため、朝五つ時(午前八時頃)に出勤。浅井氏、筒井氏と同行した。父上は三郎と同行して三条あたりに買い物に行かれた。綿を買い求め、江戸表よりもよほど安く思われたとのことだ。七つ時（午後四時頃）に帰宅した。筒井氏は残り、三郎は出勤した。夕方、浅香氏の所へ本を借りに使いを出した。児玉へ菓子を進呈した。夜に入り、虎三郎殿がたびたびおいでになった。

八郎は二条城での勤務日。同宿と思われる浅井氏、筒井伊三郎と一緒の勤務だったようだ。同じく同宿の秀俊と三郎は非番で、三条通りへ買い物に出かけている。

浅香氏は前述のとおり未詳だが、講武所剣術方には、浅香孫一郎、浅香滝之助などの浅香姓の者がいる。どちらかであっただろうか。

児玉益之進へ菓子を進呈したとあるが、もしかするとこれは前日の鮎菓子をおすそ分けしたのかもしれない。

うつりの品

同（三月）十八日、朝、父上は頭取のところへお出かけになった。三郎、筒井氏は明け番で帰宅した。御奥から格別のわけをもって金二両をご拝領になられた。山本万次郎殿がおいでになり、菓子を持参された。小菊紙を三帖、うつりに渡した。四つ頃(午前十時頃)から稽古に出席。昼時に帰宅した。

秀俊が出かけた先の講武所頭取は、講武所奉行、奉行並に次ぐ重職。金二両を拝領したのが誰であったのかわかりにくいが、三郎や筒井伊三郎ではなく秀俊であったように思われる。

山本万次郎は未詳。山本から菓子を贈られたことに対して、八郎が小菊紙を「うつり」に渡したというのは何のことか。

この「うつり」は江戸時代でもあまり用例がなく、意味をとりにくいのだが、「移り」と書いて、「贈り物に対する返礼の品」の意である。菓子をもらったお返しに、八郎は小菊紙を差し上げたのだった。

湊の所へ参り、入湯いたし、刀屋の長尾で目貫を買った。代金は一両一分だった。本屋で十八史略を買い、代金は一分三朱だった。利運談を四冊、女□□□を三冊で、代金は一分二朱。嶋田氏が来た。夕飯と酒を差し上げた。三枝氏、近鐘氏がおいでになった。戸田氏にどじょう汁を差し上げた。どじょう代は二朱。

午後になって、八郎は湊信八郎の宿で風呂に入り、剣術稽古でかいた汗を流した。

刀屋で買った目貫というのは、刀身が柄《つか》から抜けないように刺し止めた目釘のこと。時代が下るにしたがって刀の装飾品としての意味合いが強くなり、美麗なものが用いられるようになった。代金が一両一分（十二万五千円）かかっても、武士としては買いたくなるものだったのである。

「十八史略」は、中国の子供向けの歴史書。太古から南宋までの十八の正史を要約したもので、日本の読書人の間では子供向けとは知らずに読まれることも多かった。代金一分三朱は四万三千七百五十円。八郎は京都滞在中に読破できただろうか。

「利運談《りうんだん》」全四巻は、八隅景山《やすみけいざん》が著した日本および中国の偉人の逸話を集めた書。「女□□」のほうは、これだけでは正確なタイトルが推定できず、いったい何の本だったのか気になるところではある。両方合わせて一分二朱は三万七千五百円。

三枝氏は前出の三枝鎌太郎。近鐘氏は同じく近藤鐘次郎。戸田三郎兵衛に対して、どじょう汁を出している。何人分のどじょう代であったかはわからないが、二朱（一万二千五百円)ならばまずまずというところだろうか。

同(三月)十九日、朝、稽古に出席した。昼過ぎに、御城へ稽古に出勤した。七つ時(午後四時頃)に帰宅。父上は当番。夕方、浅井氏、筒井氏、三郎が吉松氏方へ入湯に行った。柴原氏の兄がおいでになった。

八郎はこの日非番であり、二条城に稽古のために出勤したというのは、本来の勤務とは別ものである。

吉松氏は講武所剣術方の吉松亀太郎と思われる。浅井氏、筒井伊三郎、三郎が吉松方の風呂に入りに行ったとあるが、八郎は同行しなかったのだろうか。それともこの日は不破稽古場と二条城という二か所で稽古を掛け持ちしたので、すでにどこかで入湯していたのだろうか。

同(三月)廿日、雨が強かったので、稽古を休んだ。昼過ぎに山村氏がおいでになった。江戸表から干し蛤、干しばかを送ってきた。保之助殿が坍和氏からの書状をご持参になった。大塚辰三郎殿がおいでになり、竹の子、海苔をご持参された。右のご両人へ酒を差し上げ、夕方にお帰りになった。

雨が強かったから剣術稽古を休んだと、正直に日記に書く八郎だった。

江戸表、つまり秀俊と八郎の留守宅から、乾物類が送られてきた。蛤《はまぐり》は現代と同様に焼いたり、吸い物の具にしたりして食されていたが、遠方に届ける場合には干物にしてから送る必要があった。

「ばか」は、ばか貝のことで、蛤と同じくむき身にして好んで食べられた。「ばか」と略したのは八郎ばかりではなく、当時の人々は皆ばか貝のことを「ばか」と呼んでいた。ちなみに、なぜこの貝が「ばか貝」と呼ばれるようになったのかは多くの説があり、いずれが正しいか決めることは難しいようだ。

保之助は未詳。栟和は秀俊の実家であるから、秀俊や八郎の親類の者と思われる。右の乾物を江戸から持ってきたのも、この保之助であったとみるほうが自然であるだろう。

大塚辰三郎は、奥詰として今回八郎らとともに上京した者。四十六歳。竹の子と海苔は最初から酒のつまみにするつもりだったのだろうか。この日は秀俊も非番で宿にいたと思われ、ちょうど来訪していた保之助も同席して、四人で酒宴となったのだった。

同（三月）廿一日、当番のため朝出勤した。三郎が同行した。雨。忠内氏は具合が悪かったが、今日は出勤した。

出勤、休、休、休という、一勤三休ローテーションをきっちり守っている八郎である。弟の三郎とはシフトが違っていたはずだったが、ずれて一緒になったものだろうか。なお次項の記述からわかるように、八郎は朝出勤したにもかかわらずこの日は泊まり番になっており、そういう当番もあったということがうかがえる。

鞍馬山と義経

同（三月）廿二日、晴。朝五つ時（午前八時頃）に帰宅した。それから嶋田氏を誘いに参り、嶋田氏、小澤氏、諏訪部氏と同行して鞍馬山へ参詣した。義経の冑、同じく太刀、弁慶の太刀を見物した。牛若丸の稽古場の天狗杉、それから貴船へ参詣した。

社は美を極めていた。

嶋田氏、小澤氏、諏訪部氏は未詳だが、八郎とともに上京した講武所剣術方の者たちであっただろう。

鞍馬山は、源義経が少年時代を過ごし、天狗から剣術や兵法を学んだという伝説がある場所。剣に生きる八郎としても気になる史跡だったようで、山上の鞍馬寺で義経の遺品の兜、太刀、それに義経の家来として有名な武蔵坊弁慶の太刀を見物している。

感動的なことに、この日八郎が見た遺品の数々は、現在も「鞍馬山霊宝殿」にそのままの状態で残されている。私たちは、義経、弁慶が使用した兜や太刀を見て感慨にふけると同時に、幕末の伊庭八郎も同じように見物したのかという二重の感激を味わうことができるのである。

鞍馬寺はまた、京都最大のパワースポットであるという。八郎の時代にはもちろんそういう言葉はないが、独特の空気感に包まれた鞍馬の山中に足を踏み入れ、八郎にも何か感じるものがあったかもしれない。

貴船神社は、平安時代の歌人・和泉式部が訪れて恋歌を詠んだことで知られる古社。縁結びの神様として今も参拝客が絶えず、鞍馬から貴船に至る山道は、定番の観光コースになっている。

上鴨へ参詣した。とても広大だった。小町寺、少将塚。帰り道に上鴨で夕飯を食べた。夜六つ時（午後六時頃）過ぎに帰宅。今日、湊氏が師範役並を仰せ付けられた。

貴船から南下するのは、やはり貴船川を舟で下ったのだろうか。上賀茂神社に参詣したとあるが、小町寺の通称で知られる補陀洛寺《ふだらくじ》は上賀茂神社よりもかなり北にあるので、八郎の日記は書く順序を間違えているようだ。

その補陀洛寺は、平安時代の歌人で絶世の美女といわれた小野小町が没した場所とも伝わる場所。同寺には小町の墓があり、敷地内には小町を愛したとされる深草少将の墓もある。いずれも本物とは断定しにくいものばかりだが、行く先々に史跡があれば丹念に立ち寄って見物する八郎だった。

夕刻に帰宅した八郎は、この日、奥詰で従兄の湊信八郎が講武所剣術師範役並を仰せ付けられたことを知る。そのことは湊の身上書である「明細短冊」にも、「元治元子年三月二十三日、両御番上席剣術師範役並仰せ付けられ候」と記されていて――日付に一日のずれはあるが――、裏付けられる。京都出張中に昇任人事があった理由についてはわからない。

同（三月）廿三日、朝、稽古に出席した。柴原氏が主人のお供をして二十六日に帰国するとのことで、暇乞いに来た。稽古場からの帰り道、忠内氏の所へ参上した。池田様の家臣の山村様の所へ参り、先日お目にかけた鍔と小柄を取りに参った。近鐘氏がおいでになり、夕飯を差し上げた。夜分に寅三郎殿がおいでになった。父上は夕方から当番。江戸表へ書状を出した。

八郎は、この日も朝から不破稽古場で剣術の稽古。そこに、この月の十日に八郎のもとを訪れて以来、たびたび稽古に参加していた柴原武雄が、主人に従って国許に帰るとの挨拶にやってきた。

柴原の身元はこれまではっきりしていなかったが、肥後熊本藩主細川慶順《よしゆき》の弟・長岡護《もり》久《ひさ》がこの月二十五日に京都を発って帰国の途についたことがわかっている。あるいは柴原は、護久の家臣すなわち熊本藩士であったのかもしれない。
山村様（山村勘六か）は、池田という大名の家臣であるようだが、池田姓の大名は多く、そのうちの誰なのかはにわかには判断できない。可能性が高いのは上洛中の岡山藩主・池田茂政《もちまさ》か。そうであれば、山村は岡山藩士ということになる。

同（三月）廿四日、雨。父上は早朝にお帰りになった。今日、（将軍が）御参内。父上はお先供のため、五つ時（午前八時頃）にお出かけになられた。私どもはお供をしなかった。児玉氏の頬はお供した。先日、鞍馬へ行ったときの割合いは、三郎と二人で二分一朱。しらす干し二合、うるめ干し物の代金二百文。

前日から夜勤だった秀俊は、夜明けにいったん帰宅したあと、将軍参内のお供をつとめるために午前八時に再び出勤した。あわただしい勤務の父を尻目に、八郎は非番である。二十二日の鞍馬山行きの際の費用を誰かが立て替えていたのだろうか、この日になって割り勘分の計算をしているところがおかしい。同行していた弟・三郎と二人分で二分一朱というから、一両を十万円とすれば五万六千二百五十円になる。

しらすとうるめをどこで食べたのかがはっきりしないが、うるめというのはウルメイワシのこと。当時もいまも、もっぱら干物にして食される。二百文は約三千円。

髪月代を剃る

髪月代を剃った。三牧駒氏がおいでになった。浅井氏は三郎と同行して近鐘氏の所へ行った。夕方、忠助と重蔵がお迎えに行った。（秀俊が）夜九つ時（午前零時頃）にお帰りになった。大雨でお供の人は難儀された。旅宿の子供が疱瘡にかかり、やかましかった。

この日、八郎は月代《さかやき》を剃ったとある。上京以来、これまで月代を剃ったという記述は日記に見られなかったが、実際には当時の武士は毎日のように月代を剃っていたはずだ。あまりにも日常的過ぎて、あえて記さなかったのだろうか。

三牧駒氏は、講武所剣術方の三枝駒次郎。重蔵というのは、三月十五日の記事にある中間の重助のことだろう。彼らが迎えに行った相手は、将軍のお供についている秀俊である。

秀俊の帰宅が午前零時とかなり遅い時刻になったのは、この日は将軍家茂の通常の参内があっただけでなく、御所で酒宴が催されたためだった。もっともお供の秀俊らは酒が飲めるわけではなかったから、待機時間を持てあましたであろう大変な勤務の一日だった。

同（三月）廿五日、曇り。朝、浅井氏と筒井氏は当番。阿州藩の西條、下條の両人が来た。四つ時頃（午前十時頃）から稽古に出席した。人がいなかった。昼過ぎ、父上が頭取の所へおいでになった。本屋に行き、菊地軍記を借りた。夕方から当番。三郎と同行して出勤した。近鐘氏が懐中の物をお堀に落とした。

同宿の浅井と筒井伊三郎が当番で二条城に出勤。西條、下條の二人は阿波徳島藩士ということなので、三月六日にやってきた佐藤兄弟と同様に心形刀流の剣士であったのだろう。ただし、この日は不破稽古場には誰も出てきていなかったようだ。

「菊池軍記」は九州の豪族・菊池氏の伝記。かつて隆盛を誇りながら滅亡してしまった伝説の名族に、八郎も興味があったものか。そのあと夕方から二条城の夜勤に出勤しているところをみると、夜間に城中の詰め所で読もうとしたのかもしれない。

魚の塩物

同（三月）廿六日、朝、明け番で帰宅した。稽古に出席後、入湯した。水谷虎之助殿がおいでになった。八つ時頃（午後二時頃）から嶋田氏の所へ行き、酒を馳走になった。夕方に帰り、塩物を調え、龍の小柄を求め、代金は三両だった。

明け番で帰宅した八郎は、休む間もなく剣術の稽古に出、入湯して汗を流した。水谷虎之助は十四日の項にも記された播磨龍野藩士で、心形刀流の剣客である。

塩物というのは塩漬けにした食品をいうが、当時はもっぱら魚類を塩漬けにしたものをそう呼んだ。冷蔵庫のない江戸時代には、魚は干物にするか、こうして塩物にして長持ちさせる方法がとられたのだ。

小柄《こづか》とは、武士が携帯する小型の刃物で、おもに脇差の鞘に装着して用いた。日常生活で刃物として使うのが本来の用途であるが、泰平の時代には、柄の部分に精緻な細工をほどこした装飾品としての価値が高まった。

八郎が購入した小柄も、龍の細工が美麗な名品だったと思われ、代金の三両は一両を十万円とすると三十万円。普通に刀が買えてしまうほどの高価なものだった。塩物と一緒にぽんと買えるほど簡単な品ではないと思われるが、よほど八郎の心をとらえる魅力があったのだろう。

同（三月）廿七日、父上は早朝に当番。稽古に出席した。四つ時頃（午前十時頃）、阿州の家士が来た。加古へ差し上げる書状を届け、三橋氏と忠内氏は芳松氏の所へ参上した。七つ時（午後四時頃）に帰宅。大野倹氏から書状。比留氏からの書状、堀池、小森両氏からの書状が到来した。

非番の八郎は、この日も朝から不破稽古場で剣術の稽古。やってきた阿波徳島藩士は、二十五日にも来訪した西條と下條だろうか。

八郎が手紙を書いた加古氏は、徳島藩の剣術師範として藩内に心形刀流を代々伝えていた。心形刀流宗家の伊庭家としても、こうした各地の伝系者とのつきあいは大事にしなければならなかったのだろう。

三橋虎蔵と忠内次郎三が訪れた芳松氏は、前出の吉松亀太郎のこと。比留氏は、講武所剣術方の比留常次郎。堀池氏、小森氏は未詳。大野倹こと倹次郎は、二月二十七日に八郎のもとを訪れた越後新発田藩士だが、この時期はすでに国許に帰っていたのかもしれない。京都市中にいる者同士で書状のやりとりをすることは当時ではあまり考えられず、書状が到来しているとじたい、相手が遠方にいるという事実を推測させるのである。

同（三月）廿八日、父上が明け番で朝帰宅された。私どもは稽古に出席した。竹垣氏がおいでになったので、父上が同行して稽古場へおいでになった。今日、上様が二条殿へお成りになった。父上はお迎えとして八つ時頃（午後二時頃）から出勤された。児玉頰がお供して夕方ご帰城された。

八郎がいつものように不破稽古場で稽古をしている最中に、秀俊が竹垣氏という人物と同行してやってきた。

この竹垣氏とは、講武所頭取の重職にあった竹垣龍五郎のことだろう。講武所頭取は定員が八人で、半数の四人が今回の上京に加わっていた。そのうちの一人が竹垣であったことが、日記の記述によりうかがえるのである。

ちなみに講武所組織の上層部を整理しておくと、次のようになる。

講武所奉行（二人）
講武所奉行並兼帯（二人）
講武所頭取（八人）
講武所頭取並（三人）
講武所奉行支配取締役（十一人）

（）内は定数。頭取の竹垣のほか、頭取並の今堀登代太郎、奉行並の男谷精一郎がこれまでに八郎の日記に登場している。

同（三月）廿九日、朝、当番のため浅井氏と同行して出勤した。今日九つ時（正午頃）、お供揃いで上様がご参内された。父上はお供。柏木頼はお供。七つ時（午後四時頃）に帰宅した。三橋準氏と梶川氏が来て、夕飯を馳走になった。上様のお帰りは夜八つ時（午前二時頃）。父上も八つ時にお帰りになった。

八郎は四日に一日の出勤日。将軍家茂が御所に参内し、秀俊と柏木の類がお供として随行した。柏木は、講武所剣術教授方の柏木大助のことと思われる。八郎はそれには加わらず、午後四時頃に勤めを終えて帰宅している。夕食をご馳走になった梶川氏については未詳。

この日、家茂が二条城に帰ったのは夜中の二時のことだった。やけに遅い帰城だが、これはこの日も御所内で酒宴が催されたため。現代と違って照明も十分でない時代に、随分と遅くまで宴を張ったものである。

同（三月）晦日、朝、阿州侯の家来の下條氏がおいでになった。昨日お城で拝領したお菓子を、中根氏がおいでになったので分けた。稽古に出席。帰り道、湊氏の所へ行き菓子を頂戴した。天気快晴。八つ時頃（午後二時頃）、清水氏がおいでになった。酒を差し上げ、夕方までお話しした。杉浦氏から料理二重をいただいた。

八郎は前日に二条城で菓子を拝領したらしい。この日来訪した中根芳三郎にそれをおすそ分けしているが、剣術稽古の帰りに寄った湊信八郎の宿でまた菓子を頂戴したとあるので、前日よりも菓子の在庫は増えてしまったことになる。

八郎は、どちらかといえば甘党であることが日記の記述からうかがえるので、菓子をほうぼうから贈られることは嫌ではなかっただろう。

清水氏は未詳。杉浦氏は、講武所取締役として上京していた杉浦龍次郎のことと思われる。三十四歳。料理二重というから、おそらくは京都の料亭であつらえたお重二段の京料理だろう。食通の八郎には嬉しい贈り物だった。

第三章

しるこ四杯、赤貝七個

元治元年（一八六四年）四月

加多々屋のうなぎ

四月朔日、朝、稽古に参り、帰宅後に湊氏の所へ参上した。三条通りあたりへ買い物に参り、詩本米庵千字文を買い、湊氏お頼みの孝経を求め、八つ時頃（午後二時頃）に帰宅した。三橋氏と佐藤氏がおいでになった。父上はにわかなご用でお城へお出かけになり、引き続きお泊まりになった。夕方、忠内氏がおいでになり、当番の賄いを持参された。金三分。

この日から四月。剣術稽古のあと三条通りに買い物に出かけた八郎は、「米庵千字文《べいあんせんじもん》」と「孝経《こうきょう》」を買い求めている。

「千字文」は、中国で書道の手本として作られた漢文の長詩。千の異なった漢字で構成され、わが国でも古くからその時代の能書家によって筆写されてきた。江戸時代後期の書家・市河米庵もその一人で、米庵が楷書、行書、草書の三書体で書いた「三体千字文」は人々に重宝された。

また、「孝経」は中国の教書（儒教で特に重視される書物）の一つで、孔子の唱える「孝」の考えを記したもの。八郎は、こちらのほうは自分が欲しかったのではなく、湊信八郎に頼まれて買ったとわざわざ書いている。

秀俊が急な仕事で二条城に泊まり勤務となり、忠内次郎三からその分の「賄い」として金三分が届けられた。賄いというのは、現代では料理人が自分たちで作ったあり合わせの食事をいうことが多いが、本来的には「食費」という意味である。この場合も秀俊の臨時御用のための食事手当として、金三分が出されたと解釈するべきだろう。

同（四月）二日、朝、稽古に出席し、帰宅した。父上のお供で西陣へ織物見物に参り、七つ時（午後四時頃）帰宅した。加多々屋へうなぎを金三分で申しつけ、夕飯に食べた。忠内氏がおいでになった。今日、家へ出す書状をしたためた。夜分に寅三郎殿がおいでになり、五つ時頃（午後八時頃）まで話をした。

八郎は剣術の朝稽古に出席し、帰宅したころには秀俊も夜勤明けで帰ってきたようだ。そのあと八郎と秀俊は、連れ立って京都の名産である西陣織を見物に行っている。

西陣とは、応仁の乱の際に山名宗全の西軍が本陣を置いたことにちなむ地名。乱のあとに織物業者が同所に集まって良質、高級な織物を生産するようになり、やがて西陣織としてブランド化した。

高級品だからなのかどうか、八郎たちも見物には行ってみたものの、特に何も買わずに帰ってきたようだ。現代のわれわれと、行動が非常によく似ている八郎たちである。

加多々屋は市中の魚屋か。昨日受け取った金三分を、そっくりうなぎ代として使っているのがほほえましい。三分は七万五千円の価値になるから、うなぎもたくさん買えたはずだが、忠内次郎三や三橋富太郎の口に入ったかどうかは書いてないのでわからない。

同（四月）三日、当番のため早朝に出勤し、居残りした。浅井氏は夕方に帰宅した。

八郎の四日に一日の勤務ペースは変わりがないが、この日は早朝に出勤してそのまま夜勤に突入している。城中ではさほど重要な仕事はなかったと想像されるとはいえ、通しの勤務はやはり大変なものであっただろう。

同宿の浅井氏は、居残りせずに夕方に帰宅している。

同（四月）四日、明け番で朝帰宅した。それから稽古に出席した。柴原氏が来た。父上は頬替えのため御番だった。扇屋が来た。名古屋扇が金百疋で七本、女扇が二本で七百（文）だった。夜分に忠内氏の所へ参った。

通し勤務明けで帰宅したにもかかわらず、剣術稽古に出席することを怠らない八郎だった。その元気さには感心するばかりである。

柴原氏が来たとあるが、熊本藩士と推定される柴原武雄は三月二十六日に京都を発って、国許に帰ったはずだった。これはどういうことかわからない。あるいは来たのは、三月十九日の記事にある「柴原氏の兄」のほうだろうか。

秀俊が頬替えになったというのは、四つの頬（組）の編成替えがあったことを意味する。内容については不詳。

来訪した扇屋から、名古屋扇と女扇を購入しているが、名古屋は京都と並ぶ扇の二大産地。京都が女性ものの美麗な扇を中心に生産していたのに対し、名古屋は男性用の渋い扇を中心に作っていた。金百疋、つまり金一分（二万五千円）で七本の名古屋扇が買えたというのだから、一本あたり三千五百円ほどであり、それほど高くはない買い物だった。

同（四月）五日、父上は明け番。朝、稽古に出席した。父上もおいでになった。児玉氏が出席した。昼過ぎに父上は三橋氏と同行して今堀氏の所へお出かけになられ、忠内氏の所へ参り、なめし皮を少々頂戴した。夕方にお帰りになった。

秀俊が、忠内次郎三の所で頂戴した「なめし皮」とはどういうものか。動物の皮は、そのままの状態だと硬くなったり、腐敗してしまったりする。それを防ぎ、皮を軟らかくしなやかにして、皮革製品として使用するために必要な作業がなめし加工である。秀俊がこのなめし皮を何に使おうとしたのかはわからないが、当時、なめし皮は袋物など日常生活のあらゆる所で用いられた。武士であれば武具にも使用されたため、秀俊にとっても重宝したのだろう。

鮎の季節

同（四月）六日、父上と同行して朝稽古に出席した。忠内氏の家来の五郎兵衛に頼み、肴類を買って料理した。忠内氏、児玉氏、吉松氏、三準氏がおいでになった。井戸氏、鈴木氏もおいでになり、酒を差し上げた。夕方にお帰りになった。井戸氏の所へ入湯に行った。忠内氏から鮎をいただいた。

朝稽古のあと、忠内次郎三の従者の五郎兵衛が包丁をふるって昼食会が催された。八郎親子と忠内、児玉益之進、三橋準三、それに吉松亀太郎と思われる講武所の者たちが、新鮮な魚料理に舌鼓を打ったことだろう。

井戸氏は、講武所槍術教授方から奥詰となった井戸金平のことと推定される。三十四歳。仲間の家に風呂に入りに行くのが好きな八郎は、この日は初めて井戸の所に呼ばれて行っている。

忠内から贈られた鮎は、初夏の代表的な味覚である。旧暦では一月～三月が春であり、四月～六月が夏。この日（四月六日）はまさに初夏を迎えたばかりということになり、鮎の最も美味しい時期に入っていた。

なお、一般的には魚は刺身で食べるのが最良とされているが、鮎は例外的に塩焼きが一番美味ともいわれている。八郎は、刺身と塩焼きのどちらで食べたのだろうか。

同（四月）七日、曇り。朝、三郎と筒井氏は当番。速水氏と布施氏がおいでになった。父上はお城へおいでになった。稽古に出席し、帰宅後に赤貝を買った。代金は一朱。夕方、当番に出勤。浅井氏が同行した。雨が八つ時（午前二時頃）から明け方まで降り、寝なかった。

速水氏は、奥詰の速水三郎。三十歳。今堀登代太郎の実弟で、速水家に養子に入り家督を継いだ。文久元年（一八六一）四月に奥詰が創設されたときに、兄の今堀とともに奥詰に選出されている。

布施氏は奥詰の布施信三郎で、やはり奥詰の創設時から選ばれている剣客だった。二人とも秀俊の同僚ということになるが、当の秀俊はこの日は勤務日だったものか、二条城に登城している。

八郎は剣術稽古を終えたあと、赤貝を買ったとある。赤貝は、刺身や酢の物で食べられたほか、当時の江戸では寿司のネタとして好まれた食材だった。おそらく八郎も江戸ではよく食べただろうから、久しく口にしていない江戸風の寿司を思い出していたことだろう。

同(四月)八日、晴れ。明け番で朝帰り。水谷氏が暇乞いにおいでになった。忠内氏と同行して、四つ時頃(午前十時頃)から吉松氏の傾の者を誘って東寺を見物した。杜若が盛りだった。それから伏見稲荷の御たび所、神輿五体が実に美しかった。

夜勤明けで帰宅した八郎のもとに、水谷虎之助が別れの挨拶にやってきた。水谷は播磨、龍野藩士で、藩主脇坂淡路守(安斐《やすあや》)に従って上京していたもの。その脇坂が九日に離京することになり、水谷も八郎親子としばしの別れということになったのである。

八郎は前夜一睡もしていないようすだったが、驚くべき元気さで、この日も忠内次郎三や吉松傾(組)の者を誘って市内観光に出かけている。東寺はすでに三月六日に見学済みだったが、そのときとはメンバーが違うので、今回は八郎が案内役になって一同を連れていったのだろう。

江戸時代には東寺は杜若《かきつばた》の名所として知られており、紫色の花が咲き誇る境内の光景を八郎たちも堪能したようだ。

そのあとに記された「伏見稲荷の御たび所」とは何のことか。伏見稲荷大社は京都南郊の伏見にあり、八郎も二月十五日に見学している。そうではなく、「御旅所《おたびしょ》」とは神社の祭礼のときに神輿《みこし》を本宮から移し、一時的に奉安する場所をいう。

伏見稲荷の御旅所は東寺の北側にあり、ちょうどこの時期が伏見稲荷の祭礼であったため、伏見の本宮から五基の神輿が運ばれてきていた。八郎は、たまたま美麗な神輿の姿を拝むことができたことになるのである。

西本願寺へ参り、飛雲閣を見物した。太閤の茶せきや、名人の書画がたくさんあった。とても広大だった。九つ時（正午頃）過ぎに帰宅した。父上は稽古にご出勤。風呂を沸かした。三橋氏、戸田氏、忠内氏がおいでになった。中野氏がおいでになった。父上は夕方にご当番。虎三郎殿が夜分においでになった。

一行はそのあと、西本願寺に参り、飛雲閣を見学した。八郎は三月六日以来、二度目の見学になる。

「太閤の茶席」とされる「憶昔席《いくじゃくのせき》」は、実際には豊臣秀吉が使用したものではなく、江戸時代になってから増築されたもの。ちなみに飛雲閣は、現在、特別公開時をのぞいて原則非公開になっている。

中野氏は、奥詰の中野俊左衛門と推定される。三十三歳。実父は講武所奉行並をつとめる重鎮・男谷精一郎。俊左衛門は、中野家の養子となって家督を継いでいたものである。

当時は、家督を継ぐ長男以外は実家の厄介とされていたから、それ以外のほとんどの男子がこのように養子に出された。ごく日常的にこうした養子縁組がされていたため、この中野俊左衛門の場合のように、調べてみて初めてあの人の実子だったのかとわかることも多いのである。

同（四月）九日、天気。朝五つ時（午前八時頃）前に忠内氏の所で寄り合いがあった。今日、お城のお供の出勤。上様は四つ半時頃（午前十一時頃）に中川宮の所へ参上された。それから近衛殿の所へ参上された。七つ時（午後四時頃）過ぎにご帰城された。（私の）下宿は武者小路の小間物屋。どじょう汁、そのほか煮しめが出た。帰り道、魚店で鯛を求め、代金は二尾で一分。父上もお供した。脇坂侯が今日お立ちになった。

この日の天気を、八郎は「天気」と記した。よい天気のことを単に「天気」と表現することは現在でもあるが、当時からよくおこなわれていたものだった。

八郎は、通常勤務とは別に、将軍家茂の道中警護の役目を仰せつかっている。家茂が向かったのは、御所内の中川宮と近衛忠熙《ただひろ》の屋敷。皇族の中川宮朝彦親王と、前関白の公家・近衛忠熙はいずれも公武合体派。つまり幕府寄りの存在だった。

家茂が退出するまでの間、八郎らは武者小路にある小間物屋で待機した。そこで昼食として、どじょう汁や煮しめが出されたことが記されている。

道中警護の役目が済んだあと、八郎は魚店で鯛を購入した。二尾で一分（二万五千円）であったというから、高級魚の鯛とはいえ高い買い物となった。

見事な桃菓子

同（四月）十日、晴れ。朝、父上が金毘羅へ参詣された。中根氏が同行した。朝稽古に出席した。父上もおいでになった。忠内氏の所へ入湯に行った。見事な桃の菓子を拝領したので、忠内氏に差し上げた。吉松氏から先日の礼として鯛をいただき、夕飯に食べた。

朝から秀俊と中根芳三郎が参りに行った金毘羅《こんぴら》というのは、現在の東山の安井金比羅宮。悪縁を切り良縁を結ぶという御利益があるとされ、女子に人気のスポットだが、江戸の当時からそう喧伝されていたわけではない。

もっとも八郎はそれには特に興味はなかったようで、朝から剣術稽古に励み、忠内次郎三の所で風呂に入っている。忠内に贈った桃の菓子というのは、現代では桃の果実が入ったフルーティなものを想像するが、当時の京都では練りきりで作った上生菓子であったとみるのが自然である。

吉松亀太郎からの礼とは、四月六日の昼食会で魚料理をふるまった件だろう。鯛を贈られてありがたいことだったが、前日の夕食も鯛だったともいえず、二日連続で夕食に鯛を食べることになった八郎だった。

同(四月)十一日、朝、当番で出勤。浅井氏が同行した。御徒目付部屋へ参った。三郎、筒井氏は夕番。七つ時(午後四時頃)に帰宅した。脇差をお買いになった。

八郎は四日に一度の勤務日。同宿の浅井氏と一緒のシフトだった。

徒目付《かちめつけ》というのは、幕臣たちを取り締まる立場にある目付を補佐する役職。日頃は江戸城内に詰めていたが、今回の家茂の上洛にあたっては、その一部が随行して京都に上っていた。徒目付に呼ばれて、俺は何かまずいことでもしでかしたかと、八郎も緊張したことであっただろう。

幸いなにごともなく、定時の午後四時に帰宅。脇差を購入したのが誰なのかわかりにくいが、浅井氏ということだろうか。


同（四月）十二日、晴れ。父上はお当番。三郎と筒井氏は明け番。手嶋厚之助殿（原注・右は京師町与力悴）から鳥肉をいただいた。小菊三状をうつりに差し上げた。稽古に出席した。昼過ぎに筒井氏と同行して大丸から四条通りへ買い物に参り、七つ時（午後四時頃）に帰宅した。夕方に忠内氏が来た。明日の（将軍の）宇治行きはお延びになった。

八郎は非番。京都町奉行所与力の息子の手嶋厚之助という人から鳥肉を贈られ、小菊紙三枚を返礼に渡している。

剣術稽古のあと、同宿の筒井氏と連れ立って大丸呉服店ほかに買い物に出かけた。大丸は、前述したように東洞院御池と松原寺町西の二店舗で営業していたが、そのあとに四条通りへ向かっていることを考えると、位置的に八郎たちが利用したのは東洞院店であった可能性が高い。

この翌日、将軍家茂の宇治行きが予定されていたようだが、延期になったという知らせがもたらされた。忠内次郎三がやってきたのは、その連絡のためであっただろう。

鯨は魚類

同（四月）十三日、晴れ。父上は明け稽古に出席。昼過ぎにお城へ学問に参上するはずだったが、延期になった。成瀬氏の所へ入湯に行った。湊氏の所へ股引を拝借に行った。中野氏からくじらをいただいた。夕方、忠内氏の所へ行った。

八郎は非番。秀俊は、二条城に学問のために登城するはずだったものが延期になったとある。これは、将軍の宇治行きが延期になったことと関係しているのかもしれない。

成瀬氏は、講武所剣術方の成瀬三五郎か。入湯後、湊信八郎の所に股引《ももひき》を借りに行っているが、当時の股引は下着ではなく、作業用のはきものだった。もっぱら庶民の男性が着けるもので、武士は普通は使用しなかったから、八郎は何の用途に使おうとしたのだろうか。

既出の奥詰・中野俊左衛門と推定される中野氏からは、鯨《くじら》を贈られている。鯨は江戸時代には魚類と思われていたので、基本的に肉食を禁じられていた当時でも盛んに食べられていた。鯨汁やあえもの、刺身などで食され、特にごぼう、大根、竹の子などの野菜を入れて作った鯨汁は人々に喜ばれた。

八郎も、京都に来てから初めての鯨料理に舌鼓を打ったことだろう。

同（四月）十四日、晴れ。早朝、父ならびに私ども四人、忠内氏、木戸氏、三枝氏で連れ立って叡山へ行った。八瀬の上り口から登り、道に迷って難儀した。それからようよう黒谷へ出て、中堂、講堂、開山堂を見物した。それから下山した。坂本山王祭りだったので、近村、近郷から大勢が群集し、にぎわっていた。甲冑がたくさんあり、神輿が美しかった。唐崎へ参り、松を見物した。実に広大だった。帰りは山中村を通り、白川越えを過ぎ、鴨へ出た。□□（原注・虫ばみ）丁で鯛を三枚調え、忠内氏、木戸氏へ一尾ずつ差し上げた。七つ時頃（午後四時頃）に帰宅した。

比叡山は京都の北東、近江（滋賀県）との境にそびえる霊山。山頂の延暦寺は、伝教大師最澄が創建した天台宗の総本山である。

京都に滞在する者なら誰もが参りたいと思うこの比叡山延暦寺に、八郎らもついに参詣した。八郎、秀俊、三郎、同宿の浅井氏、筒井伊三郎に加え、忠内次郎三、木戸金三郎、三枝鎌太郎の総勢八人で連れ立って、この日早朝から参詣登山が実行されている。

現在では、自動車やロープウェイなどを利用して比較的容易に山頂まで到達できる比叡山だが、いうまでもなく当時はすべて徒歩。西側の八瀬《やせ》の登り口から登山した八郎らは、道に迷ったりしてだいぶ苦労をしたようだ。

黒谷というのは東山の黒谷とは別の場所で、比叡山の西側の地名である。やっとのことで黒谷に至り、延暦寺にたどり着いた一行は、根本中堂、講堂、開山堂（浄土院）などのお堂を見物できた。

ちょうどこの時期は、比叡山東麓の坂本にある日吉神社で山王祭が盛大におこなわれていたので、八郎らはそちらにも足を延ばしたようだ。あるいは偶然ではなく、祭りの時期に合わせて比叡山参りを決めたのかもしれない。この山王祭は、現在も毎年四月十二日〜十四日におこなわれている。

帰りは、南方の山中村から白川を越え、下鴨のあたりに出た。これほどの行程をこなして、帰宅したのが午後四時だったというのだから、やはり当時の人は健脚だと感心させられるのである。

大好物のしるこ

同(四月)十五日、晴れ。朝、稽古に出席した。帰宅後、加藤氏の所へ参った。八つ時(午後二時)過ぎから湊氏の所へ参り、しるこを馳走になった。入湯いたし、帰宅後、当番に出勤した。児玉氏がおいでになった。今堀氏から鯛をいただいた。加藤氏からも焼き鯛をいただいた。お手伝いの扶持が出た。五両□(原注・虫ばみ)朱。

一か月前の三月十六日にも、奥詰・加藤平九郎の所で秀俊が五両三分二朱の扶持料を受け取っている。今月分の金額は一部が虫食いで読めなくなっているが、前月とほぼ同額が出ていたはずである。

湊信八郎の所でご馳走になったしるこは、江戸時代から現在に至るまで人々に愛されているスイーツ。あずきを砂糖で甘く煮た汁の中に、餅や白玉などを入れる製法は、当時からほとんど変わらない。八郎は京都に来てからしるこを食べるのはこの日が初めてだったが、在京中に合計五回食べているので、好きな食べ物だったことは間違いない。

児玉益之進が来たり、今堀登代太郎が来たり、この日も伊庭宅には出入りが激しいが、鯛が頻繁にやりとりされていることがわかる。やはり鯛は魚の王者であり、その座は今も昔も変わらないということだ。

同（四月）十六日、朝、稽古に出席し帰宅した。池田甲斐守殿からお迎えの人が来て稽古に出席したところ、ご同勤の方が四、五人いらっしゃった。榊原、大前も出席。浅井は大前氏と、私は榊原氏と試合した。三橋準三殿がおいでになり、玉子を持参された。三枝氏が来た。梅干を少々いただいた。父上は夕番。

夜勤明けの八郎は、池田甲斐守なる人物に呼ばれて稽古場に行き、剣術稽古を披露した。この池田甲斐守（長顕《ながあき》）は、かつて講武所奉行をつとめていた人物だが、実は二年前の文久二年（一八六二）に死亡している。長男の長裕《ながひろ》は大隅守を称したから、この元治元年の時点で池田甲斐守を名乗る者は存在しなかった。

おそらくこれは八郎の勘違いで、この日稽古場にやってきたのは甲斐守ではなく、長男の大隅守だったに違いない。大隅守長裕は二十五歳。将軍の小姓をつとめており、今回の上洛にも加わっていたものとみるべきだろう。

浅井氏が試合をした大前氏は、講武所剣術教授方の大前藤四郎と思われる。ただし八郎が対戦した榊原氏は、日記の記述だけでは誰であるか判断するのは難しい。

講武所の中では、直心影流の剣豪として名高い榊原健吉（三十五歳）や、奥詰の榊原畝《うね》十郎《じゆうろう》（三十一歳）らが候補となるが、情報がこれだけでは確定するまでには至らない。もし榊原健吉対伊庭八郎であったのならば、幕末を代表する剣客同士の豪華な対戦ということになるのだが、どうであったのだろうか。

ところで、三橋準三が持参した玉子は、生玉子であったのか、それともゆで玉子であったただろうか。答えは、ゆで玉子であったとみるべきである。

なぜか。江戸時代においては、玉子は基本的に生のままでは売買されず、ゆで玉子にしてから商品とされるものだったからだ。冷蔵庫のない時代には、食品が傷むのが何よりも心配なことであり、そのあたりの認識が現代とは大きく違うということを理解しておかねばならない。

ちなみに、当時のゆで玉子は一個二十文（約三百円）ほどで売られた。現代との価格の差が目立つものの一つである。

赤貝にあたる

同（四月）十七日、朝、お城へ稽古に出席した。七本ほど試合をした。九つ時（正午頃）に帰宅。三木氏が阿州から江戸表へ下るとのことで参った。昼食後、浅井氏、筒井氏、三郎と同行して外出した。風呂をわかした。三橋氏がおいでになった。中根氏がおいでになった。稽古着ができた。三橋氏からみりん一升、赤貝を七ついただいた。

うつりに菓子を差し上げた。小川、柴山両氏から菓子をいただいた。湊氏の所へ参り、古文真宝を買い、代金は三百銅だった。

八郎は非番。不破稽古場ではなく、二条城で剣術の稽古がおこなわれたようで、朝から城中で試合形式の稽古を七本こなしている。

三木氏は未詳だが、阿波徳島藩士であるならば、前出の佐藤兄弟らと同じく心形刀流の剣士であっただろう。昼食後、八郎は同宿の浅井氏、筒井伊三郎、三郎と連れ立って外出。父の秀俊は昨夜から泊まり番であったためか、同行していない。

三橋虎蔵が持参したみりんは、現代と同じように煮炊きものの調味料として用いられたが、当時は味醂酎《みりんちゆう》と称する酒に加工して飲まれることも多かった。しかし今回は、虎蔵が赤貝七つを一緒に持参しているところから、赤貝を煮る際の調味料として使ってもらおうとみりんを贈ったのだろう。

うつりというのは既述のとおり返礼品のことで、虎蔵にお返しに菓子を贈っている。小川、柴山両氏については未詳。

湊信八郎の所へ行ったあと、書店で買った「古文真宝《こぶんしんぽう》」は中国の詩文集。室町時代に日本に伝わり、漢学の初心者用の教材として広く読まれた。三百銅というのは三百文（約四千五百円）のこと。文銭が銅で作られているため、そういういい方もする。

同（四月）十八日、雨。昨夜から不快だったが、今朝はさらに具合が悪く、終日病臥していた。

八郎は、前夜から体調がすぐれなかったようで、この日は一日起きあがれないほどの症状となった。風邪か、それとも何か悪いものでも食べたのか。

同（四月）十九日、晴れ。不快がひどくなったので、今日の当番はお断り申し上げた。湊氏、中根氏が見舞いにおいでになった。医師が来た。今日から服薬した。湊氏からあわびをいただいた。吉松氏、三橋氏、三枝駒氏がおいでになった。

八郎の病気はさらに重くなった。この日は勤務当番の日であったが、とても無理な状態で、欠勤を届け出ている。

病気が何であったのかはわからないが、もしかすると三橋虎蔵から贈られた「赤貝」が悪かったのかもしれない。虎蔵の勧めどおり煮物にすればよかったのに、八郎は生のまま刺身で食べた可能性がある。しかも七個。

責任を感じてかどうか、さっそく三橋虎蔵が見舞いにやってきた。ほかに湊信八郎、中根芳三郎、吉松亀太郎らも駆けつけており、当時の温かい人間関係がおのずとうかがい知れる。

しかし、もし八郎の病気が赤貝による食当たりだったとすれば、湊が見舞いに持ってきた鮑《あわび》というのはどうなのだろうか。鮑も赤貝と同様に、煮ても焼いても刺身でも美味しいが、この日ばかりは貝類は見たくもないと八郎は布団の中で思っていたかもしれない。

見舞いのカステイラ

同（四月）廿日、晴れ。忠内氏から煮豆をいただいた。木戸氏からカステイラ、三枝氏から雪おこし、戸田氏から羊かんを見舞いにいただいた。

八郎の病気を見舞う人々の来訪は続き、忠内次郎三、木戸金三郎、三枝鎌太郎、戸田三郎兵衛がやってきた。

見舞いの品の中で目を引くのは、やはりカステラだろう。戦国時代にポルトガルから伝来したカステラは、玉子、小麦粉、砂糖をまぜて作った生地を焼いたもので、それまでの日本の菓子とは違う味と食感が好まれた。

江戸時代にはまだ材料に水飴が使用されていなかったため、現代のもののように生地がしっとりとはしていなかったが、高級感のある菓子として見舞いにはうってつけの品だった。木戸はナイスなセレクトである。

一方、三枝が持参した雪おこしは雷おこしの誤記かとも思われたが、そうではなく、梅の花を象《かたど》った練り切りの菓子であるようだ。

戸田が持参した羊羹《ようかん》も含めて、甘味好きの八郎には嬉しい見舞いの品々だった。


墨場必携を一分二朱で買い、生ちぢみの帷子を買い、関の兼□（原注・虫ばみ）の脇差を金一両二分二朱で買った。

この日の日記の後半には、いろいろなものを買い物したことが記されているので、体調は少しよくなったのだろうか。

「墨場必携《ぼくじょうひっけい》」とは、書を書くときに手本になる名言名句を集めた本で、前出の市河米庵が編纂したものが幕末に人気を博した。金一分二朱は、三万七千五百円。

生ちぢみの帷子《かたびら》というのは、ちぢみ織りの単衣物のこと。これからの暑い季節には必要なものだった。

関の刀工の脇差を買ったとあるが、刀工名が「兼□」と一部虫食いになっていて判別できないことが惜しまれる。美濃の関は、刀の生産で栄えた土地で、関の刀鍛冶はほとんどの者が「兼」の文字を冠した名を称していた。

なかでも有名な者が、和泉守兼定と孫六兼元。八郎が買った脇差がどちらであったのか、それともそれ以外の関の刀工であったのか、非常に気になるところである。金一両二分二朱は、十六万二千五百円。

同（四月）廿一日、晴れ。早朝、父上が明け番で帰宅した。戸田氏父子、今堀氏、湊氏と同行して嵐山あたりへおいでになった。浅井氏、近藤氏はお城の学問に出勤した。

不快は大いによくなった。桂川でお取りになった鮎をご持参された。清水氏へ少々差し上げた。

秀俊は明け番で帰宅したあと、戸田三郎兵衛（父子は未詳）、今堀登代太郎、湊信八郎と連れ立って嵐山観光に出かけたとある。浅井氏と近藤氏（釜五郎か）は、二条城での学問のために出勤した。

一方、宿にとどまっていた八郎は、体調がすっかりよくなったようだ。不調の原因は、やはり赤貝による食あたりだったのだろうか。

そんな八郎に対して、秀俊は嵐山を流れる桂川で釣った鮎をみやげに持ち帰った。清水氏（未詳）におすそ分けしたほかは、塩焼きなどして初夏の味覚を堪能したことだろう。

同（四月）廿二日、晴れ。父上は朝、お城に稽古に出勤された。近藤釜五郎殿がおいでになり、カステイラを持参された。旅宿の鈴木氏から菓子をいただいた。風呂をわかした。三橋氏がおいでになり、葛をいただいた。加藤氏から肴をいただいた。中根氏がおいでになった。不破氏から蜆をいただき、菓子を移りにした。忠内氏がおいでになった。隣からしるこを少々いただいた。近鐘氏がおいでになった。

八郎の体調はすでに回復しているが、知人たちの見舞いは続いた。近藤釜五郎（未詳）からは定番の高級菓子カステラ。宿の主人・鈴木重兵衛からも菓子が贈られている。三橋虎蔵が持参した「葛《くず》」とは葛の根を粉末状にした葛粉のことと思われる。葛餅などの菓子の原料となることで知られるが、粉を煮立てて薬湯としてもよく用いられた。

この葛湯は、とろみがあるために冷めにくく、体を温めて血行をよくするので、病み上がりの病人によく与えられた。八郎が体調を崩したのは自分のせいと、三橋虎蔵はよほど責任を感じていたのだろう。

ほかに加藤平九郎、中根芳三郎、稽古場の不破氏、忠内次郎三、近藤鐘次郎も続々と来訪した。不破氏から贈られた蜆《しじみ》の返礼にした菓子は、鈴木重兵衛から贈られたものであったかもしれない。

同（四月）廿三日、曇る。当番のため浅井氏と三郎が出勤した。少子は今日も休んだ。父上は昼過ぎから大丸へ買い物においでになった。大淵氏が見舞いにおいでになった。

扇屋が来た。鉄扇三本、平骨三本、渋扇一本で代金は二分。忠内氏、児玉氏両名が来て、煮しめ物をいただいた。天野氏、梶川氏がおいでになった。右は私の見舞いとしてである。児玉氏へ移りにカステイラを差し上げた。戸田氏へ煮しめを少々差し上げた。(父上は)端物をいろいろ買われた。私の一重物も買っていただいた。

八郎の体調はだいぶ回復してはいたが、大事をとってこの日の勤務は休みにした。見舞い客は、大淵氏(未詳)、忠内次郎三、児玉益之進、天野豊次郎、梶川氏(未詳)と、まだまだ詰めかけており、八郎が周囲の人々に慕われていたことを感じさせる。

それに、現代と違って医学の発達していない時代であったから、病気になるということは死に直結しかねない大ごとだった。過剰なようにも見える周囲の心配は、そういう含みもあってのことだったのである。

扇屋は時折セールスに来ることになっていたようで、八郎は四月四日に扇を九本買っているにもかかわらず、この日も七本購入した。代金は二分なので五万円。

児玉益之進に対しては、煮物をもらったお返しに、カステラを進呈している。これは前日に近藤釜五郎から贈られたものを使いまわしたのだろうが、お互いに了解済みだったであろうから、特に気になることもなかっただろう。

同（四月）廿四日、晴れ。病は大いによくなった。浅井氏、筒井氏は明け番。父上は稽古においでになった。呉服屋が来て、ゆかた、袱紗を買った。中川氏から花菖蒲をいただいた。戸田氏から煮豆をいただいた。三枝氏、近鐘氏がおいでになった。父上はご当番。弁当料として一分百二十四文が下された。

八郎の体調はすっかりよくなった。この日はセールスに来た呉服屋から、ゆかたと袱紗《ふくさ》を買い求めている。

中川氏は京都与力の中川万治郎。京都人の中川から贈られた花菖蒲は、新暦では六月頃に紫色などの花を咲かせる初夏の風物詩である。この日は新暦では五月二十九日にあたるので、まさに咲き始めたばかりの花菖蒲を、いち早く八郎は目にすることができたのだった。

秀俊は、泊まり番で出勤。弁当料の賄いとして、一分（二万五千円）と百二十四文（約千八百六十円）が支給されている。

澤甚のうなぎ再び

同(四月)廿五日、昨夜は雨が強く、今朝は晴れた。父上は早朝に明け番。大淵氏が見舞いにおいでになった。父上は皆々と稽古においでになった。近鐘氏が来て、昼食にした。昼過ぎに私は髪を結った。澤甚からうなぎを一分二朱で買った。ほかの三人は出かけた。戸田氏がおいでになった。足袋を五足買い、代金は二分。五郎兵衛へ鰹節を頼んでいたのを持ってきた。代金は一朱と二十四文。足袋を一つやった。

全快した八郎は、数日間伸ばしっぱなしだったであろう月代を剃り、髪を結った。勤務に復帰するための準備を整えたのである。

「澤甚」は、八郎が正月にうなぎを食べ、「この店は都一番だ」と評した店。復帰するにあたり、うなぎを食べて体力をつけ、気合いを入れようと思ったのだろう。一分二朱は、三万七千五百円。

ただし、うなぎを何匹買ったのかが記されていないから、一匹あたりの値段はわからない。その点、足袋は五足で二分（五万円）だったと明記してあるので、単価が一万円とわかりやすいが、なぜかすごく高い。

五郎兵衛は、忠内次郎三の従者。なぜ八郎が忠内の従者に鰹節を頼んだのかは不明だが、四月六日にも魚の調達と料理を依頼している。そういうことにたけた人物だったのだろう。鰹節の代金は、金一朱（六千二百五十円）と銭二十四文（約三百六十円）。

同（四月）廿六日、晴れ。昼過ぎから雨。父上は稽古においでになった。私は今日から見物に行った。村上辰太郎殿から桑酒を一升いただいた。忠内氏からしるこをいただいたとのことで、迎えが来たので、筒井氏が参上した。うどんを買った。父上は夕方に帰宅。三橋氏がおいでになり、新板よしこのふしの本をいただいた。江戸表へも増御扶持が届いたとのことだった。

全快したはずの八郎だったが、まだ剣術稽古をするには体力に不安があったのか、秀俊の稽古のようすを見学するだけにとどめている。なかなか慎重な八郎であった。

講武所剣術方の村上辰太郎から贈られた桑酒《くわざけ》というのは、すりつぶした桑の実と砂糖を焼酎に加えて作った酒で、おもに薬酒として飲まれた。八郎の病気のことを聞いた村上が、体にいいよと勧めたものであったかもしれない。

忠内次郎三からは好物のしるこが贈られた。そのあと、うどんも買っているが、八郎が滞京中にうどんを食べたのはこの日だけである。やはり江戸っ子の八郎としては、うどんよりもそばが好みだったようだ。

三橋虎蔵から贈られた本の「よしこのふし」とは、「よしこの節《ぶし》」と書き、江戸時代後期に流行した小唄のこと。七・七・七・五で構成された唄の終わりに入る「よしこの、よしこの」という囃子詞《はやしことば》からこの名がついた。

上方で発祥したのち、江戸に伝わって「都々逸《どどいつ》」として完成したというが、いずれにしても武士がたしなむものではなかった。


同（四月）廿七日、雨。今日御参内と仰せられていたが、ご延期になった。父上はお城まで行かれた。昼過ぎに山村氏がおいでになり、酒を差し上げた。鈴重殿もおいでになり、鯛を買った。代金は一朱と百五十文。鈴木氏から鯉を二本いただいた。勝左馬次郎殿がおいでになり、桑酒を差し上げた。高坂で唐宋八大家文を買い、代金は一両一分。湯かたが届いた。当番なので三郎と筒井氏は終日居残りだった。浅井氏が夕方出かけた。

この日は将軍家茂の御所参内が予定されていたようだが、延期になった。八郎には、特に警護の役目は与えられていなかったようである。

午後になり山村勘六が来訪したので酒を出し、そのあと宿の鈴木重兵衛から鯉を二尾贈られたので、鯛を買って返礼している。金一朱（六千二百五十円）と銭百五十文（約二千二百五十円）であったというから、四月九日に買ったときの二尾で一分（二万五千円）よりもだいぶ安い。

勝左馬次郎（未詳）が来訪したときに贈った桑酒は、もちろん前日に村上辰太郎から贈られたものであっただろう。桑酒は薬酒であるから味の好みが分かれるうえ、体調の回復した八郎にはあまり必要のないものになっていたのかもしれない。

「唐宋八大家文《とうそうはちたいかぶん》」は、中国の唐と宋の頃に活躍した八人の作家の文章を集めた本。江戸時代の日本では、漢文の教科書として広く読まれた。八郎は、暇を見つけては読書をしようと思っていたのだろう。

砂糖漬けとしるこ

同（四月）廿八日、雨。父上はご当番。小十人組が剣術ご上覧申し上げるので、六つ半時（午前七時頃）交代で登城された。三郎、筒井氏、浅井氏は明け番。湊氏の所へ行った。今日から稽古に出席した。昼過ぎに柴田庄助殿がおいでになった。砂糖漬けを一箱持参された。先日、古文真宝を買い求めた代金三百文を差し上げた。高坂で玉篇字引を買った。代金は一両。昨日、家へ出す書状をしたためた。大丸から父上、私、三郎の夏地半一つずつ、木綿縮み一重物一つずつが届いた。戸田氏の所へ行き、しるこを頂戴した。三郎も参上した。三枝駒氏がおいでになった。

小十人組は幕府の番方（武官）で、将軍の警備隊の一つ。定員二百五十三人のうち、六十六人が今回の将軍上洛に随行している。

八郎は、この日から剣術稽古に出席した。満を持してという感じの復帰である。砂糖漬けの菓子を持参した柴田庄助は未詳。

四月十七日に購入した「古文真宝」はツケであったようで、この日、代金の三百文を支払っている。また「玉篇《ぎょくへん》」は、中国の南北朝時代に編纂された部首別漢字字典。「玉篇字引」のタイトルで日本でも愛用されたが、代金は一両（十万円）であったというから、けっこう高額な買い物である。

大丸から納品された衣服の数々は、二十三日に秀俊が注文したものであっただろう。八郎と秀俊、三郎の三人分の夏襦袢《じゅばん》と木綿縮みの単衣が届けられた。襦袢や単衣の衣服であれば、注文から五日ほどで仕立て上がることがわかる。

戸田三郎兵衛の所で、八郎はまたもしるこをいただいた。この月、四度目のしるこである。このころになると、八郎にはしるこを出すと喜ぶという情報が、知人の間で広まっていたのかもしれない。

同（四月）廿九日、雨、今日ご参内された。父上は明けからお供した。忠内氏の類はお固めした。私は勤めなかった。中野氏から鶏卵をいただいた。稽古に出席した。留守宅から書状が来着した。日暮れに（父上が）お帰りになった。

二十七日に予定されていた将軍家茂の御所参内が、この日におこなわれた。秀俊はお供の列に加わり、忠内次郎三の颊が道中警護を担当した。

八郎は忠内の頰に所属していたはずだが、この日はなぜか勤務を免除されている。天候が悪く、冷たい雨はたとえ簑《みの》をかぶっていたとしても、病み上がりの体には差し障りがあると判断されたのだろうか。

中野俊左衛門から贈られた鶏卵は、前述したようにゆで玉子である。現在でもそうだが、当時の玉子は精力のつく食べ物と認識されており、八郎の体力回復を願ってのことだろう。周囲から愛されていることを感じさせる八郎であった。

江戸の自宅から手紙が届いたことが記されているが、こうした八郎あての手紙であったり、もしくは八郎自身が誰かにあてた手紙は、残念なことに現在一通も確認されていない。今後、どこかで発見されることを大いに期待したい。

この年四月は小の月なので、この日が晦日となる。

第四章 京から大坂へ

元治元年（一八六四年）五月

小倉百人一首

五月朔日、曇り。戸田氏がおいでになった。稽古に出席した。父上もおいでになった。高坂で百人一首を買った。風呂をわかした。吉松氏のところへ行った。村上辰太郎殿から先日桑酒をいただいたので、砂糖漬けを差し上げた。児玉氏のところへも行った。今日、御暇の御参内を仰せになられた。医師の大淵へ薬礼金二百疋、百々一郎へ五十疋差し上げた。三郎と伊三は買い物に出かけた。

八郎が書店・高坂で購入した「百人一首」は、「小倉百人一首」とも呼ばれ、鎌倉時代の歌人・藤原定家が一首ずつ百人の和歌を集めて編纂した歌集。江戸時代には、かるたの題材として人々の間に広まり、幕末のころには現在のように正月の遊びとして親しまれるようになった。

五月に入ったこの日、将軍家茂は江戸に帰ることを決め、帰東の挨拶のために翌日に御所に参内することが一同に告げられた。正月十五日に上洛して以来、三か月半の滞京は長かったが、ようやく江戸に帰ることができると、八郎もよろこんだことだろう。
それとも、めったに京都に上ることはできないわけだから、この際もっと滞京期間は延びてもいいと思っていただろうか。そのあたりの心境は日記には記されていないので、想像するほかにない。
大淵某は、八郎が病気中の四月二十三日にも来訪しており、そのときは誰かわからなかったが、この日の日記によって医師であることが判明した。病臥しているときには薬礼は支払わなかったものか、この日になって二百疋を渡している。「疋」は前述したように儀礼用の金単位で、二百疋は金二分（五万円）に相当する。百々一郎は未詳だが、大淵の助手にあたる人物だろうか。

同（五月）二日、雨。朝、当番に出勤した。今日、御暇の御参内。父上は御供した。柏木頬はお固め。夜五つ時（午後八時頃）お帰りになった。三郎は夕番。

八郎は、四月十五日以来の通常勤務に復帰した。皮肉にもこの日、将軍家茂は御所に参内し、江戸に帰る挨拶を申し上げている。

八郎は二条城に残り、秀俊は参内する家茂のお供をつとめた。また柏木大助の傾は、行列の道中警護を担当している。

家茂と秀俊は、午後八時頃に帰城し、八郎と入れ替わりに三郎が泊まり番のために登城した。

同（五月）三日、晴れ。朝、荷物をかたづけるため、今日から稽古は休み。昼過ぎに忠内氏と同行して清水、祇園へ参詣した。五条坂で小さな猪口を三つ買い、代金は百文。菅笠を二つ買い、一つにつき代金一朱と五十文ずつ。夕方に帰宅した、夜に入り、天野氏、三橋氏、三枝氏、近藤氏がおいでになった。四つ時（午後十時頃）まで話をした。

江戸に帰ることが決まった八郎たちは、身辺の片付けを始めた。それに伴い、毎日のように通っていた不破稽古場における剣術稽古も、この日からは休止となった。

京都の名残りに、午後から八郎は忠内次郎三と連れ立って、清水寺や祇園社（八坂神社）に参詣した。

五条坂で買った猪口の代金百文は約千五百円。菅笠はスゲの葉で編んだ笠で、外出や雨天用に使われた。今回はもちろん江戸への道中用であっただろう。一個につき一朱と五十文で、約七千円。

夜になり、天野豊次郎、三橋虎蔵、三枝鎌太郎らいつもの顔ぶれが集まってきた。京都の名残りの話も尽きなかったことだろう。

同（五月）四日、晴れ。今日も朝、荷物をこしらえ、不破氏から餞別として扇子二本、加茂の菓子皿、びろうどをいただいた。旅宿の主人からは京名所扇子を十本いただいた。浅井氏、筒井氏へも不破氏から下げ緒一つずつ。忠助へ金子。奥詰一統へ奥から金子を拝領。戸田氏、父上は別段として三百疋。ほかに師範役五百疋、教授方一両、世話心得へ三百疋。右は稽古の節の骨折りに対して下された。

八郎はこの日も朝から荷物整理。稽古場の不破氏がやってきて、八郎たちに餞別の品々を贈っている。また宿の主人・鈴木重兵衛も、八郎たちとの別れを惜しんで京扇子を餞別にした。

不破も鈴木も、本来は八郎らと接点のない人々であったが、将軍の上洛という希有な事態が発生したために江戸の幕臣たちと三か月半の間、親しく過ごすことになった。いま別れとなれば、次はいつ会えるかわからず——むしろもう会えない可能性のほうが高く——、けっこう寂しいものであっただろう。

この日、講武所の者たちに対して、本来の手当のほかに在京中の剣術教授手当として金子が下された。戸田三郎兵衛、秀俊には三百疋（七万五千円）、剣術師範役には五百疋（十二万五千円）、剣術教授方には一両（十万円）、剣術世話心得には三百疋（七万五千円）がそれぞれ与えられている。

戸田氏がおいでになった。今堀氏、中根氏がおいでになった。旅宿へ長々世話になったので、金五百疋、同二百疋、私と三郎の両人から二百疋渡した。鯛を五枚買い、二枚を不破氏へ届け、一枚を旅宿に届けた。五枚で代金二分三朱。忠内氏がおいでになった。旅宿からそば、すしをいただいた。夜分、戸田氏がおいでになった。

帰東の支度をする八郎と秀俊のもとには、戸田三郎兵衛、今堀登代太郎、中根芳三郎らの面々が続々とやってきてあわただしい。

宿の鈴木重兵衛に対しては、八郎らの滞在費用が幕府からも出ていたと思われるが、それとは別に八郎らから合計九百疋（二十二万五千円）が礼金として渡された。また、上等な鯛も鈴木と不破に贈られ、八郎らの御礼の気持ちが込められた。鯛は五枚で二分三朱（六万八千七百五十円）。

さらにまた、その返礼として鈴木から蕎麦や寿司がふるまわれていて、伊庭家をめぐる人間関係はまことに温かいと感じさせられるのである。

菖蒲の節句

同（五月）五日、菖蒲の節句。ことに天気がいい。渡辺一郎兄弟が暇乞いに来た。ますを持参した。柏木元三郎殿がおいでになった。昨日、大助殿に頼んでおいたがんとうをご持参になった。中川万次郎殿が餞別として扇子を持参された。嶋田氏、渡辺氏、不破鶴太郎殿が来た。中根氏からうなぎをいただいた。

五月五日の端午の節句は、厄よけの効能があるとされる菖蒲を軒に差したり、菖蒲湯に入ったりする風習から、菖蒲の節句ともいった。

渡辺一郎兄弟（未詳）が別れの挨拶に来ているが、持参した「ます」については不明。魚の鱒《ます》のこととは思われるが、酒を飲むための枡かもしれず、どちらであったかは確定的でない。

また、剣術方の柏木元三郎が来訪して、兄の大助に八郎が頼んでいた「がんとう」を持参したとある。この「がんとう」はがん灯《どう》のことだろうか。

がん灯は江戸時代に作られた携帯用の照明器具で、現代の懐中電灯のように正面だけを照らし、本体を斜めにしても中の蠟燭は常にまっすぐに立っている工夫がされたすぐれものだった。将軍警護の任にある八郎らには必要な道具でもあるので、柏木が持参したのはおそらくこのがん灯であっただろう。

中川万治郎は京都与力で、四月二十四日に八郎に花菖蒲を贈った人物。餞別に扇子を贈るのは、当時の定番であったことがわかる。

不破鶴太郎という人が来訪しているので、これまでフルネームがはっきりしていなかった不破稽古場の主のことかと思わせる。ただし、不破氏の息子という可能性もあり、断定するにはもう少し調査が必要となるだろう。

江戸表から書状が到着した。友山芳八郎、須加井発之丞殿が来た。不破氏へ暇乞いに行き、柏木氏、忠内氏、吉松氏、成瀬氏の所へ行った。山田喜次郎殿から小菊紙が餞別に届いた。三郎、浅井氏へも。父上はご用で頭取のところへ出かけられ、五つ時(午後八時頃)お帰りになった。夜分に戸田氏がおいでになった。近藤氏が来た。

須加井発之丞は、正しくは須賀井発之進で、京都町奉行所の同心。三月三日に二条城内で剣術の上覧稽古があったときの一人だった。友山芳八郎は未詳だが、おそらくは須賀井の同役であっただろう。八郎らが帰東するにあたり、彼ら京都の幕臣がきちんと挨拶をしに来てくれるのは嬉しいものである。

この日、八郎は不破氏を訪問して最後の挨拶をかわし、柏木大助、忠内次郎三、吉松亀太郎といった講武所の有力者たちの所を挨拶まわりした。餞別に小菊紙を贈ってくれた山田喜次郎については未詳。

同（五月）六日、晴れ。当番なので早朝に出勤した。今日は納めの当番。昼で交代した。浅井氏、筒井氏は昼過ぎに出勤。手嶋厚之助殿から餞別として猪口、扇子をいただいた。小菊を五状、うつりに贈った。中川万次郎殿へ菓子折りを進呈した。奥詰の人々が大勢来た。児玉氏、戸田氏の頰が御先番で、不破氏、忠助を今日から大坂へ遣わした。旅宿から夕飯を出した。近藤氏が夜になって来た。夜中に徳田貢が来て、扇子を持参した。内藤音三郎殿から煙草を餞別にいただいた。

八郎の最後の二条城勤務である。在京期間の終盤は体調を崩して満足に働けなかったが、それまでは四日に一日の登城勤務をしっかりと果たした。生涯初めての給料を貰っての仕事というものに、八郎はどのような感想を抱いただろうか。

手嶋厚之助は、四月十二日に記載のある京都町奉行所与力の子。あのときも鳥肉を贈ってくれたし、なぜか八郎によくしてくれる人だったが、別れにあたってもしっかり餞別を用意してくれた。

同役の中川万治郎も、八郎が病み上がりのときに花菖蒲を贈ってくれたり、この前日には餞別に扇子を贈ってくれた。そんな中川のありがたい心遣いに感謝した八郎は、せめてもの気持ちとして菓子折りを届けたのだった。

将軍家茂が京都を出立するにあたり、児玉益之進の類と戸田三郎兵衛の類が先番として先発することが決まった。八郎は、忠内次郎三の類なので後発である。

なお、八郎の従者と思われる忠助を大坂に先発させたことが記されているが、ここに不破氏の名があるのはよくわからない。何かの誤りであったかもしれない。

徳田貢と内藤音三郎は未詳ながら、八郎に餞別を贈っていることからみて、いずれも京都詰めの幕臣であっただろう。

くらわんか餅

同(五月)七日、晴れ。明け八つ時(午前二時頃)に忠内氏の旅宿へ寄り合い、御城へ出勤した。御玄関脇にたむろし、六つ時(午前六時頃)に御供を揃えて御発駕された。御道筋は堀川通り、四条通り、寺町大仏の前、伏見通り、伏見豊後橋で御乗舟された。途中、稲荷で御小休。淀川筋の舟中で雨が降り出し難儀した。この間、景色がよかった。枚方で、くらわんか餅を村中から出された。

ついに八郎が京都を発つ日がやってきた。未明のうちに忠内次郎三の宿に集合し、二条城に到着。この講武所隊・忠内類を含めた大勢の護衛に守られながら、将軍家茂は二条城を出発したのだった。

行列は堀川通りから四条通り、寺町通り、伏見街道を進んで伏見に至り、豊後橋から舟に乗って淀川を下った。

舟というのは、当時伏見と大坂間の水運をもっぱら担っていた「三十石船」と呼ばれる民間の旅客船であっただろう。米を三十石積めることからその名があったが、乗客の定員も三十人ほどであったため、今回は何艘もの三十石船が用意されたと思われる。

下り便であるので、推進は川の流れにまかせておけばいい。途中で雨が降り出して一行は難儀したが、その間に目に映る景色がよかったと八郎は記している。

枚方《ひらかた》を通過したときに、「くらわんか餅」を村中から出されたとあるが、これは淀川を往来する舟に向かって小舟が近づき、「酒くらわんか、餅くらわんか」と呼びかけ、強引に酒と餅を売りつける商売のことである。

この「くらわんか舟」と「くらわんか餅」は江戸時代の初めから淀川の名物となってい

て、なんと「くらわんか餅」と呼ばれる餡餅は現在も枚方の名物となっている。しかし枚方の人々は、相手が天下の将軍の一行でもかまわず売りつけるのだから、その商魂のたくましさは讃えざるをえない。

八つ時（午後二時頃）、大坂京橋の御上がり場へ御着きになった。それから御行列で御城へお入りになられた。御城は実に日本一と思った。夕方に雨が晴れた。それから忠内氏と同行して旅宿へ参り、谷丁の大仙寺である。忠内氏、児玉氏と同宿。賄いも大勢おり、京都よりもよほど手厚くもてなされた。

淀川を舟で下った家茂の一行は、午後二時頃に大坂に着いた。京橋で陸に上がった家茂は、目前にそびえる天下の名城・大坂城に入城し、この大坂で数日間を過ごすことになる。ちなみに大坂城の天守は、寛文五年（一六六五）に落雷によって焼失し、以後、江戸時代を通して再建されることはなかった。したがって八郎は天守がない状態の大坂城を見たわけだが、それでも「実に日本一」というのだから、いかに立派な城であったかがわかるというものである。

護衛の幕臣たちは全員が城内で起居することはできないので、適宜、城外の寺社等に分宿することになった。八郎は忠内次郎三、児玉益之進らとともに谷町の大仙寺があてがわれ、さっそくそこで草鞋《わらじ》を脱いだ。

大仙寺には料理人も大勢手配されていて、京都のころよりもよほど手厚くもてなされたと、八郎が冗談まじりで書いているのがおかしい。京都で宿とされた鈴木重兵衛方は本来は宿ではなく、一介の幕臣の家であるから、おもてなしという点で見劣りするのはやむをえないことだった。

同（五月）八日、晴れ。忠内氏頬の人々が大勢来た。三準、三駒と同行して心斎橋、日本橋、道とん堀、四つはし辺りへ参った。四つ橋で喜せるを買い、代金は五百文。昼時に帰宅した。食後、皆々様と同行してまたぞろ市中へ見物に出かけた。戸田氏の旅宿、父上の旅宿へ参り、それから天満橋を渡り天神へ参詣。夕七つ時（午後四時頃）に帰宅した。

宿の大仙寺には忠内頬の者が全員入っていたわけではなく、細かに分宿していたようだ。

大坂の二日目、さっそく三橋準三、三枝駒次郎ら、ほかに泊まっていた忠内頬の者が八郎のもとにやってきた。

　そして京都の頃と同じように、町に繰り出す八郎らであった。心斎橋、日本橋《にっぽんばし》、道頓堀、四つ橋といった繁華街をめぐる姿を見ていると、現代の人々と行動がまったく変わらないことがほほえましいばかりである。

　八郎は煙草は吸わないかと思っていたが、四つ橋で煙管《きせる》を買っている。みやげ物とも思えないので、自分用であったのだろう。代金は五百文（約七千五百円）。

　昼食後、再び市中見物に出かけた八郎らは、戸田三郎兵衛の宿と秀俊の宿に立ち寄っている。八郎と父の秀俊は、今回は宿が分かれてしまったようだ。

　天満橋を渡ったところにあるのは、天満天神。現在は大阪天満宮の名で知られる、学問の神様・菅原道真を祭った神社である。


同（五月）九日、晴れ。早朝から近鐘、三郎、近釜、三準、三駒と同行して難波四つ橋から網舟に乗り、木津川から天保山下を通り、網打ちはじめたところ、不漁でぼら十四ほど、蛤、蜊が少々だった。このあたりの景色は目を驚かすばかりで、前に淡州、右に播州、左に紀州。このあたりに御台場をこしらえるそうだ。下り途は新なし川を通った。このあたりは蘆が多い。景色がいい。ここで休んだ。はなはだ麁末。七つ時（午後四時頃）帰宅した。今日、荷物が京地から到着した。

大坂の三日目、まだ特に勤務のない八郎らは、この日も自由行動である。早朝から近藤鐘次郎、三郎、近藤釜五郎、三橋準三、三枝駒次郎と連れ立って、木津川で網打ちの魚取りに興じた。

そういう遊びを、武士である八郎がこれまでにしたことがあるのかどうかはわからないが、この日は不漁だったと残念がっている。ボラは泥臭みがあってあまり上等の魚とはされず、蛤、浅蜊《あさり》も少ししか捕れなかった。初心者であれば、それもやむをえないことであっただろう。

それでも、天気のいい日の木津川河口はとても気持ちよく、あたりの景色は目を驚かすばかりであったと八郎は感動している。帰り道の新なし川は、正しくは尻無川で、この流域も景色がよかったと満足気な八郎であった。

道頓堀で昼食

同（五月）十日、晴れ。当番で忠内氏、筒井、近鐘が出勤した。浅井氏は休み。私と三郎は夕方の出勤。三駒、三準、浅井氏、三郎、私、泰次、吉松家来で天王寺、茶うす山あたりへ参り、帰り道に道頓堀で昼食にした。このあたり繁華。八つ半時（午後三時頃）から出勤した。御城を拝見。広大だった。黄金水を飲んだ。不寝番。

この日、大坂での勤務がようやく始まった。ただし、八郎は夜勤であったので、昼間は三枝駒次郎、三橋準三、浅井、三郎、泰次（未詳）、吉松亀太郎の従者と連れ立って市内観光に出かけている。

四天王寺は聖徳太子が創建した飛鳥時代の寺で、蘇我氏と物部氏との戦争が起こった際に、蘇我軍の一員であった太子が戦勝の御礼として建立したという逸話は有名。ただし往時の建物はすでに江戸時代の頃には失われており、八郎らが見物したのは新しく再建されたものである。

また茶臼山は、古代の前方後円墳であり、大坂冬夏の陣の舞台となったことでも知られている。これら歴史的なスポットを見物したあと、「このあたり繁華」と八郎も書いている道頓堀で昼食。

江戸時代の初めにこの堀川を造った安井道頓の名が残る道頓堀は、大坂有数の繁華街として栄えたが、江戸期にはまだお好み焼きもたこ焼きも存在しなかった。かに料理も大坂名物というわけではなかったから、八郎らが何を食べたかはわかっていない。

昼食後、宿に戻って午後三時頃から出勤。初めて入城する大坂城で、八郎は「黄金水を飲んだ」と書いている。これは、城内にある「黄金水の井戸」の水のことだ。

かつて豊臣秀吉が、大坂城の井戸の水を清浄にするため、黄金数枚を底に沈めたところ、その効果により水が澄んで名水が汲めるようになったという。そんな伝説の井戸水があることを、八郎は誰かに聞いたものか、さっそくためしに飲んだのだった。観光名所や名物は、何でも一応トライしてみる八郎である。

この井戸は現在も、再建された天守のふもとに「金明水《きんめいすい》井戸屋形」として残されている。

同（五月）十一日、晴れ。上様は兵庫表へ向かわれた。忠内氏の煩の十五人が御供した。私は明け番なので勤めず、四つ時（午前十時頃）に帰宅。昼過ぎに吉松氏と同行して天王寺、清水へ参り、夕刻に帰宅した。

この日、将軍家茂は軍艦鯉魚門《ライモン》に乗船し、摂海の防備状況の視察に向かった。講武所からは忠内次郎三の傾のうちから十五人が供をつとめたとある。八郎も忠内傾の一人であったが、前日からの泊まり番であったために加わらず、午前十時頃に宿に帰った。

午後からは吉松亀太郎と連れ立って、四天王寺と清水寺の見物に出かけている。四天王寺は八郎は前日にも参っているが、吉松はメンバーに入っていなかったため、再度訪れたものだろう。

また清水寺は、江戸時代に京都の清水寺から千手観音像を本尊として迎えた寺。新清水寺とも通称され、境内には本家の清水寺を模した小型の舞台が造られてある。

大坂の箱寿司

同（五月）十二日、晴れ。夕方雨。六つ半時（午前七時頃）に揃えのため御城へ出勤した。それから堺へ参り、上様は八つ時（午後二時頃）にお着きになられた。（八郎が）走り御供として堺から天下茶屋まで、天下茶屋から御城までは戸田氏と児玉氏の頬が走り御供をつとめた。天王寺あたりから雨が降り出し難儀した。下宿で寿司を買い、料金一朱。七つ時（午後四時頃）に帰った。住吉社の前を通った。堺はきわめて繁華だった。花鋏を買い、代金は三朱。

前日から摂海の巡視に出かけていた家茂が、この日帰ってきた。八郎ら講武所の者は朝から大坂城に全員召集され、そのあと堺まで家茂の出迎えに行っている。

堺港で上陸した家茂一行は、以後は陸路をとった。八郎に与えられた役目は、行列を先導しながら進むこと。堺から天下茶屋までは八郎の所属する忠内次郎三頬が担当し、天下茶屋から大坂城までは戸田三郎兵衛頬と児玉益之進頬が受け持ったようである。

下宿というのは、前述したように宿泊したわけではなく、警護の者が休憩した場所のこと。おそらくは戸田、児玉とバトンタッチしたあとにそういう時間がとれたのだろう。そこで八郎は寿司を一朱（六千二百五十円）で買って食べた。

寿司といっても、当時の大坂ではにぎり寿司はほとんどなく、箱寿司というのが流行していた。木製の箱に寿司飯と鯛、海老、穴子などのネタを入れて作った上等な押し寿司である。江戸前のにぎり寿司に親しんだ八郎としては、初めは慣れなかったかもしれないが、ひとたび食べてみればけっこう美味しいと感じたのではないだろうか。

午後四時頃に宿に帰ったと書いたあと、思い出したように「住吉社の前を通った」と八郎は記している。住吉大社は古代の神功《じんぐう》皇后の時代に創建されたと伝わる名刹で、大坂を代表する神社の一つだった。参詣している時間はなかったが、せめて前を通過したことだけでも書いておこうと思ったのだろう。

またこの日、八郎は花や小枝などを切るための花鋏《はなばさみ》を購入した。代金三朱（一万八千七百五十円）と安くはなかったが、何に使うつもりだったのだろうか。

同（五月）十三日、雨。先日の昼食料の割合は三朱。昼食代は一朱と百だった。昼過ぎから浅井氏、三駒、三準、三郎と同行して父上方へ参った。帰り道に金国楼へ参り、夕五つ時（午後八時頃）帰宅した。三橋氏へも参った。

この日、八郎らは十日に道頓堀で食べた昼食代の精算をしている。京都でもそうだったが、会計の際には誰かが立て替えて払い、後日精算するというのが八郎らの通例だったのだろう。

その割り勘分は一人あたり三朱（一万八千七百五十円）で、この日の昼食代は一朱（六千二百五十円）と百文（約千五百円）だった。

午後からは、浅井、三枝駒次郎、三橋準三、三郎と連れ立って、秀俊の宿を訪れ、帰りに金国楼（未詳）という店に寄った。天気が雨だったせいもあるのだろうか、この日は特に大坂の名所旧跡をまわったりすることはせず、午後八時頃に帰宅した八郎だった。

同（五月）十四日、晴れ。当番のため朝出勤した。浅井氏と同行。上様が御天守台へお上りになられ、御発駕を仰せになられた。先日の早御供の名前をしたため差し出すようにと、御徒目付から通達があったので、即刻したため差し出した。帰り道、父上と湊氏の所へ参った。帰り道、鰻を食べ、夜五つ時（午後八時頃）に帰宅した。松田氏から書状が来た。菓子が届いた。夜に入り、御発駕の御供のことについて、戸田氏をはじめ大勢がいらした。忠内氏、児玉氏、浅井氏が同行して頭取の所へ行かれた。明け方にご帰宅された。

八郎は当番のため、大坂城に登城した。前回の登城勤務からちょうど四日後になるので、ここ大坂においても四日に一度の勤務ローテーションが継続されていたことがわかる。

この日、家茂が天守台に上り、十六日に江戸に向けて出立することが一同に告げられた。大坂城は前述したように天守は失われていたが、その台座である天守台の石垣は残っており、往時の天守の威厳ある姿をしのばせていた。

八郎が御徒目付から差し出すようにいわれた早御供の名前とは、十二日に家茂を警護した者たちのことだろうか。

勤務を終えて下城の途中、八郎は秀俊と湊信八郎の宿に寄り、夕食には好物のうなぎを食べた。上方に来てから六回目のうなぎである。最初のころはうなぎの料理法が関東と関西で違うことにとまどっていた八郎も、六回目ともなると慣れてきたようで、記述は至極あっさりとしている。

夜になって、講武所の者たちの動きがあわただしくなった。これは、家茂の江戸帰還が海路をとることになっており、警護の者たちが一緒に船に乗れるのかどうか懸念されたためだった。

軍艦は十三艘用意されていたが、それでも警護の者が全員乗れるわけではない。乗船できなかった者は陸路をとらざるをえなかったため、戸田三郎兵衛、忠内次郎三、児玉益之進、浅井らは、なんとか講武所の者がみな乗船できるようにと、講武所頭取に掛け合いに行ったのだろう。

同（五月）十五日、晴れ。御供の一条につき、皆々が来た。京都の賄いが出た。下帯を買い、代金は一朱で少し釣りが出た。泰次へ三分、道中手当料として遣わした。右は父上方から喜兵衛が持参した。明日、御舟へ乗り込む人々は筆頭順になった。忠内氏頬の木戸氏、吉亀氏、吉六氏、村上氏、久永氏、飲海氏、浅井氏、右の七人。教授方では戸田氏、柏木氏、右の両氏。

秀俊の従者と思われる喜兵衛がやってきて、京都滞在時の食費を八郎に届けた。金額は明記されていないが、その中から一朱（六千二百五十円）弱で下帯を買い、三分（七万五千円）を旅費として泰次に渡した。

泰次は未詳だが、十日に大坂観光を一緒にしたメンバーの中にその名がある。下帯というのは、ふんどしのこと。

結局、家茂のお供として軍艦に乗り込むのは各頬から上位の者数人ということになったようだ。八郎が所属する忠内次郎三の頬からは、木戸金三郎、吉松亀太郎、吉松六之助、村上辰太郎、久永鉱蔵、飲海氏(未詳)、浅井氏の七人が選ばれ、剣術教授方の戸田三郎兵衛、柏木大助も乗船することになった。

当の八郎は選ばれなかったようだが、特に残念そうな様子はない。まだ二十一歳で、将軍に近侍するのも初めての八郎にしてみれば、こういう名誉はまず先輩方からとわきまえていたことだろう。

寅三郎殿と同行して父上方へ参った。戸田氏の所へも参上した。父上方で松田氏に面会。父上に金二両ほど頂戴した。先日早御供いたしたご褒美として金百疋を拝領した。旅御扶持金は三両二朱と八十文。京地の賄いが出た。右につき、夕方に料理を少々買った。木戸氏の所で馳走になった。

八郎は、三橋富太郎と一緒に秀俊の宿におもむいた。秀俊のほうは奥詰の有力者として、乗船してのお供に選ばれていたのだろう。

松田氏は未詳だが、公金を扱う担当者だろうか。秀俊に二両（二十万円）が与えられ、八郎には十二日の将軍お供の褒美として、金百疋（二万五千円）が下された。

さらに、江戸帰還のための手当金として、三両二朱（三十一万二千五百円）と八十文（約千二百円）が支給された。夕食は、木戸金三郎の所でご馳走になり、乗船組である木戸を送り出す食事会となったのだった。

将軍大坂を去る

同（五月）十六日、雨。今日いよいよ御発駕。五つ半時（午前九時頃）に御供揃えで京橋口から御船。父上をはじめ奥詰一統は御供した。雨で難儀。安治川筋を進み、御船が天保山へ至ったとき、風雨が強くなり、その上空腹になったので、天保山へ上がり昼食にした。海岸に出て、御軍艦を拝見したところ、間もなく御出帆になり、十三艘の御舟の央は濃煙を吹き上げ、江城を指して御出帆になった。少子らはそれから安治川筋を歩行し、新丁通りから心斎橋通りをへて帰った。夕七つ時（午後四時頃）。

家茂が江戸帰還のために大坂を海路出立する日がやってきた。大坂城京橋口から小舟に乗り、安治川筋を進んで天保山へ。この間、八郎らのように江戸に同行しない者たちも、多くが見送りとして天保山へ向かった。

天保山で家茂が乗り替えた船は、軍艦翔鶴丸。ほかにお供の幕臣を乗せた軍艦は、観光丸、蟠龍丸、発起丸、長崎丸、大鵬丸、鯉魚門、千秋丸、広運丸など全部で十三艘。海岸に立つ八郎の目に映った艦隊の、煙突から煙を噴き出しながら進む姿は壮観であっただろう。

艦隊を指揮した軍艦奉行・勝安房守《あわのかみ》(海舟)の日記によれば、一行が天保山を出航したのは九つ半時(午後一時頃)。この日は紀州の加田まで進み、そこで碇泊した。

家茂を無事見送った八郎は、行きと同じように安治川に沿って歩き、新町通りから心斎橋通りを通って午後四時頃に宿に帰着している。

同(五月)十七日、晴れ。昼前は家にいた。昼過ぎから近鐘と同行して市中へ見物に参り、夕刻に帰宅した。今日仰せ渡されたのは、明払暁に黒龍丸御舟に講武所方五十人乗り込みと仰せ出され、四頬から七人ずつ帰江するようにとのこと。右につき、忠内氏頬から少子、三郎までのところ、忠内氏とご一緒に帰着したいので、小林氏、松尾氏へ譲った。賄いから鯛二枚と酒をいただいた。

将軍を江戸に送り出し、ほっとひと息ついた八郎は、この日は近藤鐘次郎と一緒に大坂市中の見物。特に何を見たとの詳細が記されていないのは、さほど印象に残るものがなかったということだろうか。

大坂に残った講武所の者たちに、この日新たな通達が下された。明朝に軍艦黒龍丸が江戸に向けて出航するので、そこに四つの頬から七人ずつ、合計二十八人が乗り込むようにとのことだった。講武所の枠としては五十人あるようだが、残りは槍術方の分ということだろう。

八郎が所属する忠内次郎三の頬では、八郎と三郎が六人目と七人目として乗船するはずだったが、八郎はこれを辞退している。リーダーの忠内が今回は乗船しないことになっていたため、忠内と一緒に江戸に帰りたいという理由で、同僚の小林氏と松尾氏（ともに未詳）に権利を譲ったのだった。

しかし、いかに忠内が心形刀流の兄弟子で、親しい仲であったとしても、「一緒に帰りたいから」という理由で乗船を遅らせるとは、八郎の行動は子供じみているといわざるをえない。

もしかすると八郎は、まだ江戸に帰りたくなかったのではないだろうか。初めての京都、大坂への出張は、見るものすべてが珍しく、毎日楽しいことばかりだった。

現代とは違って遠方に旅することが極端に制限されていた当時、もしいま江戸に帰ったら、二度と上方を訪れる機会がないかもしれない。そう考えると、できるだけ長くこちらに滞在していたいと思っただろうし、少なくともあえて早い船便に乗る必要はないというのが八郎の考えだったのではないだろうか。

同（五月）十八日、晴れ。今暁、残った剣槍五十人が黒龍丸で帰った。三橋準三殿は少々不快。終日、私は家にいた。

講武所剣術方、槍術方、および奥詰の五十人が軍艦黒龍丸に乗って江戸へ向かった。望んで大坂に残った八郎だったが、仲間の三橋準三が体調を崩したためもあってか、この日は何をするでもなく、珍しく宿でおとなしく過ごしている。

同（五月）十九日、晴れ。昨日出立した人の荷物が明払暁に東海道を差し下されるということを、頭取から忠内氏へ申し伝えるため、今暁、忠内氏が頭取の所へ行かれた。

前日に黒龍丸で出航した者たちの荷物がまだ大坂に残っていたようで、その荷物は東海道を陸路で送られることになるという事務連絡が講武所頭取から告げられた。

それはともかくとして、この日も八郎は何もしていないようである。天気もよく、体調も特に悪くないようであるのに、二日連続で何の動きもないとは八郎にしては非常に珍しい。

将軍警護の大役から解放されたことで、なんとなく気が抜けてしまったのだろうか。

同（五月）廿日、晴れ。児玉氏、青山氏、三枝氏、近釜氏と同行して住吉から堺浦へ参り、その間、色々と見物をした。堺で浜料理を食べ、鯛、かれい、そのほか色々な生魚をたくさん見物した。久々に大いに楽しんだ。

八郎、三日ぶりの外出である。大坂残留組の児玉益之進、青山氏（未詳）、三枝鎌太郎、近藤釜五郎と連れ立って、住吉大社ほかを見物しながら堺におもむいた。

堺港では、獲れたばかりの魚介類をその場で食べる浜料理に舌鼓を打ち、鯛や鰈《かれい》などさまざまな魚が水揚げされる様子が、八郎を満足させたようだ。

「久々に大いに楽しんだ」という記述が、この日の八郎の気分をものがたっている。仲間たちとどこかに遊びに出かけ、美味しいものを食べ、にぎやかに過ごすことが、八郎の何よりも楽しい時間であったのだろう。

奈良の都

同（五月）廿一日、晴れ。近釜氏、青山氏、三枝兄弟、三郎と同行して奈良へ参り見物した。その道は玉造を出て、奈良道、くらがり峠、大勢、寶木、おいわけ、奈良と、九里ほど。南都へ八つ半時（午後三時頃）に着いた。猿沢の池のあたりの迎判屋に泊まり、それから案内を雇い、春日、大仏や色々な寺院を見物した。夕刻に旅宿へ帰り、酒飯をいたし休んだ。

元気を取り戻した八郎は、この日はなんと奈良まで繰り出した。しかも一泊旅行である。同行者は近藤釜五郎、青山氏、三枝兄弟、および三郎。大坂の玉造から、現在の暗越《くらがりごえ》奈良街道を進み、暗峠を越えて奈良に至る。九里の行程であったというから、三十六キロメートルの大遠征だった。

猿沢池は、興福寺の敷地内にある美しい池。晴れた日には興福寺の五重塔が周囲の樹木とともに水面に映る様子がとても美しく、奈良でも屈指のこの景色を八郎も堪能したことだろう。

池のほとりの迎判屋（未詳）にいったんチェックインしてから、案内人を雇い、春日社（春日大社）に参拝。奈良時代、平城京の昔に創建された藤原氏ゆかりの古社である。

そして、奈良の大仏が鎮座する東大寺の大仏殿。聖武天皇の発願により建立されたこの大仏は、戦国時代に松永久秀によって焼かれるなどの被害にあったが、江戸時代に再建されたため、八郎が見たものは現在私たちが目にしている大仏と同一のものである。

ほかにも色々な寺院を見物したという八郎だが、さすがにこの日は疲れていたのだろうか、詳細が記されていない。夕刻に宿に帰り、酒と食事をとったあと、すぐに寝てしまったようだ。

同（五月）廿二日、晴れ。早朝に出立。案内を雇い、西辺を見物した。神皇々后のみささぎ、そのほか三、四か所を拝礼。このあたり景色がいい。吉野大峯、金こう山、千早がところどころに見えた。八つ半時（午後三時頃）に帰宅した。

奈良の二日目は、早朝に宿を出立して、帰路につきながらの見物だった。

神功皇后は、古代の仲哀天皇の皇后で、夫の死後に自ら政務をとりおこなった有能な女性として知られる。その活躍は、「古事記」「日本書紀」によって有名であったから、皇后陵と伝わる前方後円墳を八郎も感慨深く見物したようだ。

そのほかに三、四か所を拝礼したとあるが、またしても詳細が記されていない。せっかくの奈良旅行なのだから、できれば記録は残しておいてほしかったが、前日からの八郎の疲れはまだとれていなかったのだろうか。

帰り道、吉野大峰山や金剛山、千早峠を遠くに見ながら、再度三十六キロの道のりを踏破し、午後三時に大坂に帰着した八郎たちだった。

同（五月）廿三日、晴れ。昼過ぎから雨。終日家にいた。昨日南都へ参った際の割合を出した。両人で一分百五十文。先日堺へ参った際の割合は金二朱。賄い料を金一両、喜兵衛から泰次の道中入用として金二両を受け取った。

この日は午後から雨。八郎は一日中、宿から表に出ず、前日までの疲れをいやしている。例によって旅行中の費用の精算があり、奈良行きに要したのは、三郎と二人分で一分（二万五千円）と百五十文（約二千二百五十円）。二十日の堺行きの精算もまだだったようで、その分は一人あたり二朱（一万二千五百円）ということだった。また、幕府からの食費として一両（十万円）が支給され、泰次の分は別に二両（二十万円）を喜兵衛が持参した。

同（五月）廿四日、朝風強く雨。終日家にいた。筒井へ金四両用立てた。

この日も風雨が強く、八郎は外出しなかった。京都で同宿だった筒井伊三郎の名が久々に記されているが、八郎が四両（四十万円）を貸している。四両といえばちょっとした大金であり、筒井は何か急な物入りがあったのだろうか。

同（五月）廿五日、雨。天ぷらを催した。天野、三枝の両氏が来た。夕方、近釜氏、三鎌氏両氏の所へ参り、酒を馳走になり、山本庄一郎も来た。

この日は久々の天ぷらパーティー。大坂に来てからは、もちろん初めてである。天野豊次郎、三枝駒次郎というおなじみの顔ぶれが八郎の宿に集まった。

夕方からは、近藤釜五郎と三枝鎌太郎の宿へ行き、今度は飲み会。そこにやはり講武所剣術方の山本庄一郎がやってきて、一座に加わった。

次の指示があるまで当面は何もすることがなく、やや時間を持てあまし気味の大坂残留組だった。

人より先へ渡りふね

同（五月）廿六日、晴れ。早朝に妙法寺へ参り、大松を見た。実に広大だった。
朝涼や人より先へ渡りふね　忠助が今日から参った。
其むかし都のあとやせみしぐれ

八郎は谷町の大仙寺を宿にしていたが、そのすぐ向かい側にあったのが妙法寺だった。境内に大きな松の木があることで知られ、地元の人々からは、「松の寺」と呼ばれて親しまれていたという。

八郎もこの日早朝に見物し、松の巨大さに感心している。なお、現在も同じ場所に妙法寺はあるが、残念なことに八郎の見た大松はその後枯れてしまって現存しない。

ところで、これまで日記の中で俳句など一切詠んでいなかった八郎が、急に思い立ったように二句詠んでいる。なぜだろうか。

それは、この妙法寺の境内に、天保十四年（一八四三）に建てられた松尾芭蕉の句碑があったことに関係しているだろう。思いがけず出会った芭蕉の句碑に刺激された八郎は、心のおもむくままに二句を詠み、日記にしたためたに違いない。

二句めの「其むかし都のあとやせみしぐれ」を見れば、芭蕉の有名な「夏草や兵どもが夢の跡」と、「閑かさや岩にしみ入る蟬の声」を組み合わせたようでもあり、芭蕉に触発されたことは明らかである。

しかし、一句めの「朝涼《あさすず》や人より先へ渡りふね」のほうは、芭蕉に元になった句が見あたらず、やや意味がとりにくい。「朝涼」というのは夏の季語で、早朝の涼やかな情景を詠んでいるのだが、「人より先へ渡りふね」はどういう意味か。

この時代の尊王攘夷の志士ならば、あるいは「他人に先駆けて命を捨てる」といったような意味を込めたかもしれないが、行動に政治色のまったくない八郎にそういうことは考えにくい。少なくとも、元治元年(一八六四)、二十一歳時点の八郎は、仲間たちと名所めぐりをしたり、美味しいものを食べたりすることが大好きな普通の若者だった。

朝涼や人より先へ渡りふね——。八郎はこの句に、どんな意味を込めて詠んだのだろうか。

五つ半時(午前九時頃)から近釜、三鎌、青繁、私の四人でさなだ山からはじめ、御城の外回りを見物した。天満橋を渡り、天神へ参詣。堂嶋へ参り、米市場を見た。このあたりきわめて繁華。十二月しるこ屋へ参り食べた。八つ時(午後二時頃)前に帰宅した。夕刻、三準が不快とのことで、松田四郎左衛門方へ参り、医師について聞いた。日の入り頃に帰宅した。近釜方で酒を馳走になった。

妙法寺で句を詠んだあと、八郎は近藤釜五郎、三枝鎌太郎、青繁(未詳)と連れ立って大坂城周辺の見物に出かけた。

城南の真田山は、戦国武将の真田幸村が大坂冬の陣のときに有名な真田丸を築き、陣地とした場所。徳川をさんざんに苦しめた戦の名残りということになるが、幕臣の八郎としてはどのような思いで見たのだろうか。

天満天神はこの月八日に一度来ているが、そのときは近藤や三枝は同行していなかったのかもしれない。八郎にしても二度来て悪いということはなかったから、再度参詣し、天神様に手を合わせたのだろう。

堂島の米市場は、大坂の米商人たちが集まって米の売買がおこなわれた場所。活気あふれる相場のやりとりが、しかも大坂言葉で飛びかって、江戸者の八郎らを驚かせたのではないだろうか。

さて、日記にはそのあと「十二月《じゅうにげつ》しるこ」という聞き慣れない言葉が記されている。これは何のことかというと、一月から十二月まで段階的に甘みを増していく十二杯のしるこが出され、それをすべて食べることができたら客の勝ちで代金が安くなるという食の遊びだった。

幕末の大坂が発祥といわれるこの「十二月しるこ」に八郎は挑戦したようだが、結果は記されていない。大抵の客は途中で挫折したというから、いくら甘味好きの八郎であっても十二杯完食は無理だったかもしれない。

夕刻、三橋準三の具合が悪くなったとあるが、準三の体調は十八日から思わしくなかった。しかし医者にはかかっていなかったようで、松田四郎左衛門に相談して医者を手配しようと尽くす八郎だった。

同(五月)廿七日、晴れ。医師の件で松田氏から朝使いが参った。昼過ぎに天豊、筒井、近釜と同行して釣りに参り、難波新地ですしを食べた。高津へ参った。夕方に帰宅した。

三橋準三を診る医者の手配は、どうやらできたようだ。ひと安心の八郎は、午後から天野豊次郎、筒井伊三郎、近藤釜五郎と連れ立って釣りに行き、さらにミナミの繁華街・難波新地で寿司を食べている。

帰りがけに高津《こうづ》へ参ったとあるので、高津宮（高津神社）に参詣したのだろう。高津宮の西側の崖からの眺望は、当時は大坂随一といわれるほど見事なものだった。

同（五月）廿八日、雨。終日家にいた。上様は廿一日午の刻に御帰城されたとのことを飛脚屋から聞いた。

八郎は、雨天なこともあって終日宿から出なかった。この日、飛脚屋から情報を得たところによると、家茂が二十一日の午の刻（正午頃）に無事江戸城に帰着したということだった。

これは、家茂に随行した勝安房守（海舟）の日記によると少し違っていて、二十日の午前七時に家茂は品川に到着し、続いて江戸城に入ったとなっている。二十一日には家茂の帰還を祝って諸大名の総登城があったというから、そのあたりのことが若干誤って伝わったのだろう。

同(五月)廿九日、雨。昼過ぎから晴れ。忠内氏そのほか四、五人と同行して、高津へ参り楊弓を引いた。難波新地、兎角へ参り、酒を飲み、七つ時(午後四時頃)に帰宅した。夜分に近釜氏方へ参った。

この日八郎は、忠内次郎三ほか四、五人と連れ立って高津へ行き、楊弓場《ようきゆうば》で遊んだ。楊弓というのは、楊柳で作られた小弓で矢を射って的に当てる遊戯。楊弓場は、江戸時代の盛り場や神社の境内に多く設けられており、高津神社にもあったことがうかがえる。

楊弓場は矢場《やば》ともいい、接客する女性は矢拾女《やひろいおんな》とか矢場女などと呼ばれた。彼女らは客に矢の射方を教えたり、矢を拾ったりする際にわざと媚びを売るようなしぐさを見せ、店の裏で色を売るようなこともおこなわれていたという。

そのため、「矢場の女」が転じて「ヤバい女」という言葉の語源になったともいわれている。八郎は、ヤバい女に引っ掛かることはなかっただろうか。

そのあと一行は、難波新地の兎角（未詳）で酒を飲み、午後四時頃には宿に帰ったと記されているので、盛り場に繰り出したわりには意外に早い解散となった。特に心配するようなことは、八郎らにはなかったようである。

あひるを食べる

同（五月）晦日、雨。晴れまたぞろ雨。終日家にいた。あひるを買った。一羽につき代金一分五十ぬけ。二羽買った。天野氏が来て食べた。三駒も来た。風が強く雨が多い。

この月は大の月であるので、三十日が晦日である。雨の日が続くが、この日は新暦に直すと七月三日。まだ梅雨が明けていなかったのだろうか。

八郎も仕方なく宿にいて、天野豊次郎、三枝駒次郎と、あひるを料理して食べている。あひるは鴨を家畜化したもので、食用にすれば味はほとんど鴨と同じであるという。そのため江戸時代においても、あひるは鴨と同じように鍋の具材として食べられた。

代金は一羽につき一分（二万五千円）と五十ヌケ（原文のまま・未詳）。二羽買ったというので、けっこう高価な食事ということになった。

第五章　お役御免

元治元年（一八六四年）六月

六月朔日、雨。雷。四つ半時（午前十一時頃）から雨は晴れた。昼過ぎに忠内氏と同行して松田氏の所へ参り、酒を馳走になり、夕刻に帰宅した。

この日から六月。依然として大坂残留組に対しては、何も上からの指示がないようだ。指示がなければ、八郎たちとしてはどうすることもできない。仕方なく八郎は、忠内次郎三とともに松田四郎左衛門の所を訪れ、酒を飲み、夕刻に帰宅している。

同（六月）二日、晴れ。夕刻に雨。三郎、筒井、そのほか四、五人で釣りに参った。終日家にいた。夜四つ時（午後十時頃）、御目付のお達しで、講武所そのほか残っている者は追々滞坂になって難渋しているので、陸路で差し下るようにとのこと。特に剣槍方は来る六日に出立するようにとのことだった。

八郎は、三郎、筒井伊三郎ほか四、五人で連れ立って釣りに出かけた。夕刻からはまた雨が降り出したので、引き上げて宿にこもっている。

午後十時頃になって、ようやく徒目付からの達しがあった。講武所の者をはじめ、大坂に残留している幕臣たちは、陸路で江戸に帰還せよということである。出立の日程はそれぞれにいいわたされ、八郎ら講武所剣槍方は来る六日ということになった。

上方にしばらく滞在することを希望した八郎ではあったが、さすがに滞坂が長期化していたことに飽きが来ていた様子もあった。その意味では、待望の帰東命令にほっとしたことだろう。

同(六月)三日、雨。六日出立の件につき、残っていた人々が大勢おいでになった。駕籠を買うため五郎兵衛へ頼んだところ、引き戸では金三両一分ほど。道中泊料を五郎兵衛に渡した。代金二両三朱。昼過ぎから晴れ。

前日の徒目付からの通達は夜間のことだったため、夜が明けてから続々と講武所の者たちがやってきた。江戸帰還が決まり、八郎の周辺はにわかにあわただしい様子である。忠内次郎三の従者の五郎兵衛に、駕籠《かご》を買うことを依頼しているが、これは誰のためのものかわからない。八郎らは当然に徒歩なので必要とせず、あるいは体調がすぐれない三橋準三を乗せようとしていたのだろうか。代金は三両一分（三十二万五千円）ほど。

同（六月）四日、晴れ。道中諸入用金を渡した。賄いへも両人から二分渡した。天麩羅をあげる。夜に入り、道頓堀あたりへ見物に参った。

道中の諸費用を渡したのは、従者たちに対してだろうか。賄いに二人から二分（五万円）渡したというのは、八郎と三郎から宿の大仙寺の賄い人に、これまでの礼金として渡したということだろう。

昼食は楽しい天ぷらで、夜は繁華街の道頓堀に出かけた。「見物ニ参ル」と八郎は書いているが、夜の道頓堀に何を見に行ったのかはわからない。大坂の町にも別れを告げることになり、最後に名残りを惜しんできたということだろうか。

同（六月）五日、晴れ。明日の荷こしらえをして取り込んだ。賄いから砂糖をもらった。家来へは金子を右につき働人へは祝儀を渡した。賄いから家鴨と酒を出した。天野氏の傾一同から酒肴が出た。

出立を翌日に控え、この日は一日旅支度で忙しかった。宿の賄い人から砂糖を贈られたというのは餞別だろうか。従者やそのほか働いてくれた者たちには祝儀を渡した。大坂最後の夜は、あひる料理と酒が出て、さらに天野豊次郎の頬一同から祝いの酒肴がふるまわれた。翌日の朝は出立が早いので、この日はそれほど盛大な宴がおこなわれることもなく、散会したようである。

上る三十石船

同（六月）六日、晴れ。明け七つ時（午前四時頃）に旅宿を出立した。八軒家で夜明けになった。佐田、枚方、淀。枚方で昼食。このあたりは景色がいい。暑気強く難儀した。水野和泉守殿が今日大坂へおいでになり、途中で行き違った。男山八幡が見えた。淀で小休。伏見へ七つ時（午後四時頃）に着いた。道中手当が一人前三両一分少々出た。

出立の朝である。午前四時頃に大仙寺を発って、谷町筋を北に歩いていくと淀川に出る。そこに八軒家の船着場があり、そこから舟に乗って京都方面に向かうのである。

乗船したのは往路と同様に三十石船と思われるが、川は下りの場合は流れにまかせておけばいいが、そもそも上りのときはどうやって進むのか。櫂《かい》や櫓《ろ》でこぐだけで流れに勝つことはできるのか。

その答えは、川岸から何人もの綱引き船頭が綱で引っ張って進めるというものだった。大変な労力が必要だったから、乗船料金も下りの倍以上かかったが、それでも便がないよりは便利ということで、人々は好んで利用したという。

舟は佐太、枚方と進み、枚方で昼食。大坂に下るときにはここで「くらわんか餅」の洗礼を受けたが、今回は大丈夫だったのだろうか。往路のときと同様、とても景色がいいことに感激する八郎だった。

ちょうどこの日、老中の水野和泉守（忠精《ただきよ》）が淀川を下って大坂に向かっており、途中で八郎たちとすれ違った。水野は八郎らと逆で、大坂からこのあと海路をとって江戸に向かったことがわかっている。そういう船便があったのなら、八郎らも乗せてくれればよかったのにと少し思う。

八郎らの舟から見えた男山八幡宮は、別名を石清水八幡宮。男山の山上に社殿があるため、遠くからでもよく見えたのである。
淀で小休止したあと、舟は伏見に向かい、午後四時頃に到着した。伏見には多くの船宿があり、それらにこの日は一泊。江戸までの道中手当として、一人あたり三両一分（三十二万五千円）少々が支給された。

同（六月）七日、晴れ。八つ時（午前二時頃）に出立した。道を間違い難儀した。大津宿で昼食。矢走を渡り草津へ着いた。草津で道を間違い、中山道へ出た。それから東海道石部宿の手前に出、石部宿へ九つ時（正午頃）に着いた。川留めのために滞留した。

伏見を午前二時頃に出立して、時間を有効に使おうとした八郎らであったが、道を間違えてしまったようだ。
伏見から東海道の大津宿に出るのに、京都を通らずに直接行ける道があるので、おそらくその道を通ろうとしたのだろう。しかし、道に迷って時間をロスしたため、せっかく早起きした努力は無駄になってしまった。

大津で早めの昼食をとったあと、次の宿場の草津に向かうのは普通は東海道を歩くのだが、矢橋《やばせ》の渡し口から舟に乗って琵琶湖を渡ることもできた。八郎らはその方法を選び、難なく草津まで到達した。

しかし、あろうことかそのあとまた道を間違えるという出来事が起こる。草津は東海道と中山道の合流地点だったため、八郎らは勘違いをして中山道に入ってしまったというのだ。

いくら二つの街道の分岐点だったとしても、実際にはそうそう間違えることはない。八郎ら一行の中には随分とそそっかしい者がいたようで、こうなると弥次さん喜多さんも顔負けの珍道中である。

なんとかそのあと東海道に戻り、石部宿に着いた八郎らだったが、今度は横田川が増水して川止めになったため、次の宿場に進むことができない。心ならずも石部に一泊することを余儀なくされた八郎らだった。

池田屋事件

同(六月)八日、晴れ。暑気強く、川留めのために難儀。終日退屈した。髪月代を剃った。笹屋に泊まったが麁末だった。茶代を忠内氏へ頼み置いた。一人前一分ずつ。八つ時(午後二時頃)、にわかに御達しがあり、京地が騒がしいので有志の面々は早々に差し上るようにと、永井主水正殿、岩田半太郎殿の両印があった。忠内氏をはじめ十八人の者が夜六つ時(午後六時頃)に出立した。石部を出、早駕籠で明け六つ時(午前六時頃)に京に着いたので、三条橋の手前で一同駕籠から降り、町奉行小栗方へ参り、槍術方は小栗、剣方は瀧川方へ参り、それから町奉行所の案内で油小路へ下宿した。

　今日京地より

当地に潜伏していた浮浪の者を召し捕ったが、なお余類の輩が忍んでいると聞く。これにより取締りのため一同上京するよう申し渡すべきところ、ことごとく出立してしまったとのことなので強いて差し止めることはできないが、自ら願い出る者があれば少人数でも引き返し、御警衛を当分勤めるよう申し渡されるべきこと。右の趣、昨日大坂表を出立した講武所剣槍方、師範役の内へ達すべきこと。

別紙の通り美濃守殿が仰せなので、書面の写しを差し上げる。以上。

六月七日

小出五郎左衛門
岩田半太郎　印
戸川鉡三郎
永井主水正　印

川止めのために石部から先に進めない八郎らは、一日退屈な様子である。何もすることがないので髪月代を剃ったというように書いているが、実際には当時の武士は毎日のように月代は剃っていた。

そんな暇をもてあました八郎らのもとに、午後二時頃になって緊急の指令が届く。大目付・永井主水正と、同じく岩田半太郎からの通達で、京都市中で大きな捕り物があったので、講武所の者も引き返して現地の取締りにあたってほしいというものである。

元治元年（一八六四）六月五日の夜、京都焼き討ちを企てる倒幕派の浪士たちが、三条小橋の旅籠《はたご》池田屋惣兵衛方に集結していたところに、京都守護職お預かりの新選組が斬り込んで陰謀を未然に防いだこの捕り物こそ、幕末史にその名を残す「池田屋事件」であった。

八郎ののんきな日記を読んでいると、つい忘れてしまいそうになるが、この時期はまさに幕末の動乱期。徳川幕府の打倒をもくろむ倒幕派と、幕府をどこまでも支えようという佐幕派が対立し、激しい攻防を続けていた。

八郎ら講武所の者が京都、大坂に滞在していた約半年の間、そういう政治的なことにはたまたま関わらないで済んでいたが、ここにきてついに歴史の大波が八郎のもとにも押し寄せたのである。

指令を受けた八郎らのうち、リーダーの忠内次郎三以下十八人の者がすぐさま出動準備を整え、石部から早駕籠に乗って午後六時頃に出立した。一行の総人数はわかっていないものの、これほど重要な指令であるから、この十八人がほぼ全員であったように思われる。

九日の午前六時頃に京都三条に着いた八郎らは、槍術方は東町奉行・小栗下総守のもとへ、剣術方は西町奉行・滝川播磨守のもとへおもむいた。その後、油小路に宿所をあてがわれたので、一同はそこに入って待機することになったのである。

なお、書状に名のある小出五郎左衛門、戸川鉾三郎は岩田半太郎と同役の幕府目付。

同（六月）九日、終日旅宿にいた。

急ぎ引き返しを命じられたものの、次の指令がないままに、宿所で待機する八郎らであった。

同（六月）十日、晴れ。昼前は旅宿。昼過ぎに稲葉侯から御達しで、このたび差し上った講武所剣槍方の面々とお会いになるとのこと。右につき、八つ時（午後二時頃）に稲葉侯へ参上したところ、さっそくお会いいただけ、仰せ渡されたのは、去る五日夜、当所で騒がしいことがあったので、取締りのため上京するよう申し渡したところ、速やかに引き返し、格別のことだった。この段、とりあえず達し申す。そのほか駒井氏へ別段として一同へのお褒めの言葉があった。

この日、ようやく老中・稲葉美濃守（正邦）からの達しがあり、今回京都に引き返した講武所の剣槍方と面会するとのことだった。

面会場所は二条城であったろうか。午後二時頃、登城した八郎らに対し、美濃守は「速やかに引き返したこと、格別の働きであった」と告げ、一同をねぎらった。また、代表者として講武所槍術師範役・奥詰の駒井志津馬に対し、別途一同へのお褒めの言葉があった。

あとは特に何もなく、一同は退出した。どうやら、八郎らは急ぎ引き返してはみたものの、京都市中はすでに沈静化していて、やることがなかったようだ。

思いがけず歴史の舞台に躍り出ることになったと思われた八郎だったが、惜しいことにそれはならず、肩すかしに終わってしまったのである。

なお、この日までには池田屋事件の詳報が八郎のもとに届き、それが近藤勇、土方《ひじかた》歳三を中心とする新選組の働きによるものということは明確になっていたと思われる。一説に、八郎と近藤、土方は江戸で交流があり、旧知の間柄であったともいうが、それならば日記になんらかの記載があってもいい。

そうした記述もなく、池田屋事件に対する八郎の淡々としたとらえ方を見ていると、彼らに面識があったという説には懐疑的にならざるをえないのである。

同(六月)十一日、晴れ。終日蒔田様の所へ参り、御伯父様にもお目にかかり、ご馳走を頂戴いたし、夜に入り旅宿へ帰った。

蒔田《まいた》様は、備中浅尾藩主の蒔田相模守（広孝）。この四月に京都見廻役を拝命し、新設された京都見廻組を率いて京都に上ってきていた。

「御伯父様」については、このあと十四日の記述によって「坍和氏」であることがわかる。八郎の義父である秀俊は、坍和家から養子に入った者だったので、この「坍和氏」は秀俊の兄とみて間違いないだろう。

なお、坍和氏のフルネームは坍和鍗蔵《ていぞう》で、浅尾藩士から京都見廻組に加入した人物。この時期、蒔田に従って上京していた。甥の八郎が来訪したことを坍和も喜び、ご馳走をふるまって歓迎している。

道中食のちまき

同（六月）十二日、晴れ。朝、不破氏の所へ稽古に参り、今堀氏の旅宿へうかがった。夕刻、今堀氏と同行して祇園から四条河原で夕涼みを見物した。ちまきが届き、代金は二分二朱。夜分にお達しがあって、明十四日に出立するようにとのこと。右につき早々に支度をした。旅宿から酒が出た。

思いがけなく京都に帰ってきた八郎は、この日なんと京都滞在時に剣術稽古に通った不破稽古場を訪れて、稽古に参加している。

やはり八郎は、根っから剣術が好きなのだ。大坂では剣術をする場所がなかったから、うずうずしていたのかもしれない。しかし、京都を去るときに涙の別れをかわしたのに、突然またやってきた八郎を見て、不破も驚くやら嬉しいやらであっただろう。

講武所頭取並の今堀登代太郎は、日記中にしばらく記載がなかったが、今回引き返した十八人の中にいたものか。宿所は別であったので、八郎が今堀のもとを訪れ、二人で四条河原で夕涼みをしている。

夜になって、今度こそお役御免ということで、八郎らに翌十四日に京都を出立するようにとの指示が届いた。この日は十二日であるはずなので、日記は誤って一日飛ばして書いてしまったようである。

なお、八郎のもとにちまきが届けられているが、これは道中の携帯食料ということだろう。ちまきは、餅米の餅を笹で包んだ菓子で、おもに端午の節句のときに食べられる。ややや時期はずれではないかと思いがちだが、京都ではこの時期、祇園祭がおこなわれており、祇園祭では厄除けの縁起物としてちまきが配られていた。自然、ちまきが大量につくられていたこの時期、道中用にと八郎らが思い立ったのは自然なことだろう。

同（六月）十四日、晴れ。今日出立につき、蒔田様の所へ参った。殿様から金二百疋餞別にいただいた。塀和氏へも御暇乞いに参った。非常用意のちまきを買い、金一分二朱ずつ。昼過ぎに出立。暑中でことに難儀した。石部宿へ夜五つ時（午後八時頃）に着いた。

京都出立の日である。八郎は、蒔田相模守の所に挨拶におもむき、二百疋（五万円）の餞別を受け取っている。伯父の塀和鍗蔵にも挨拶をし、いよいよ出発だ。

道中用のちまきは再度買ったのではなく、一昨日届いた分だろう。一人分で一分二朱（三万七千五百円）とすれば、なぜか異常に高い。

昼過ぎに出立して、三条大橋から東海道を進む。大津、草津とつい最近通ったばかりの宿場をへて、石部に着いたのは午後八時頃。ようやくここまで戻ってこられたかと、八郎らは苦笑していたに違いない。

三郎の病気

同(六月)十五日、晴れ。三郎が不快につき私一人あとへ残り、昼頃から迎えに出ようと宿駕籠を雇い、迎えに出たところ途中で行き会い、それから夜五つ時(午後八時頃)までに土山へ至った。忠内氏へ手紙を出した。泊まりは麁末。茶代二百文を遣わした。

この日、石部を出立するはずだったが、弟の三郎が急に具合が悪くなった。仕方がないので八郎が三郎とともに石部に残り、ほかの者は先に行ってもらうことにした。

昼頃から駕籠を二挺雇い、それに乗っていった。水口をへて、土山に着くころには午後八時になっていた。先発の者たちに追いつくことはできなかったので、八郎は忠内次郎三にあてて手紙を書き、自分たちの状況を伝えている。

同（六月）十六日、朝五つ時（午前八時頃）、土山宿を出立した。坂の下、それから関宿へ九つ時（正午頃）に着いた。三郎の病気は難儀のようすなので、関宿へ一日泊まった。忠内氏へ手紙を出した。宿は麁末。亀山の山崎氏から伝言があったので手紙を出した。

午前八時に土山を出立。坂《さか》の下《した》宿をへて関宿に正午頃に着いた。ところが三郎の具合が一層悪くなったので、先発組に追いつくことはもはやあきらめ、関宿で一泊することにした。その旨を手紙にしたため、再び忠内あてに知らせる八郎だった。

この関宿で幸運だったのは、次の亀山宿に八郎の知人で心形刀流の剣士たちがいたことである。特に山崎利右衛門は、江戸で八郎の実父・秀業と養父・秀俊から心形刀流を学び、帰国後に伊勢亀山藩内で流儀を広めるのに尽くしていた人物だった。

その山崎から関宿の八郎に伝言があったという。これは山崎の存在を知る先発組の者が、亀山宿に至ったときに手を打っておいてくれたものに違いなかった。

八郎は感謝して、山崎に窮地を知らせる手紙を出したのである。

亀山の人情

同（六月）十七日、晴れ。関宿を朝五つ半（午前九時頃）に出立した。途中まで山崎氏、大津氏が迎えにおいでになった。すぐさま山崎氏のお宅にうかがい、色々ご馳走になり、お医者までお世話くださり、ありがたかった。葛輪氏にお目にかかり、淡成齋様から厚くお世話いただき、お菓子を頂戴した。夕刻に山崎氏の家を出、御城下町の柏屋と申す飯屋へ滞留。齋内と申す医者を殿様から仰せつけられ、そのほか皆々様がおいでになった。堀池柳外殿もお見舞いくださった。

午前九時頃、八郎は病気の三郎を連れて関宿を出立した。すると、亀山宿から山崎利右衛門と門人の藩士・大津央が途中まで迎えに来てくれたのである。

山崎の招きに応じて、亀山城下の自宅に三郎を連れていったところ、山崎らは二人を大いにもてなし、医者の手配までしてくれた。旅先で思いがけずふれた人情の温かさに、涙を流さんばかりに感謝する八郎だった。

葛輪次郎一も亀山藩士で、心形刀流の剣士。淡成齋は、あるいは山崎の呼んでくれた医者だろうか。彼らに手厚く世話になり、お菓子まで頂戴し、だいぶ元気を取り戻した様子の三郎と八郎は、夕刻に山崎宅を辞した。

山崎の指示で城下の柏屋という店に宿をとり、そこに逗留しようと思っていたところ、今度は齋内という医者がやってきた。驚いたことに、亀山藩主・石川総脩《ふさなが》から直々に派遣されてきたのだという。

ほかにも、儒者として知られる堀池柳外《りゅうがい》や、何人もの藩士が宿を訪れ、八郎らに挨拶をした。心形刀流を学ぶ者が多い亀山藩では、江戸の宗家の跡取りである八郎の存在は、それほど大きいものであったのである。

同（六月）十八日、晴れ。暑さ強く難儀。宿へ一朱遣わした。お医者もおいでになり、ご一同から色々お見舞いくだされ、山崎氏、大津氏は日に三、四度くらいおいでになった。夜、齋内氏がおいでになり、一本杉の薬をいただいた。

亀山に逗留二日目。宿の柏屋に、とりあえず一朱（六千二百五十円）を支払った。大勢の藩士が代わる代わる見舞いにやってくるなか、山崎利右衛門と大津央は、一日に三、四度も来るとあり、なんともありがたいことであった。

藩主から派遣された医者の齋内は、「一本杉の薬」なるものを処方してくれた。効能については不明だが、なんとなく効きそうな薬である。

同（六月）十九日、曇る。今日も菓子をいただいた。不快は少しいいようだ。朝、齋内氏がおいでになり、夕刻、山崎氏と同行して御城内の御稽古場へ出席した。山崎氏から酒肴をいただいた。堀池氏が来た。

亀山に逗留三日目。三郎の具合は少しよくなったようだ。この日も医師・齋内が診察に来ているが、「一本杉の薬」が効いたのだろうか。

八郎もひと息つけたようで、夕刻、山崎利右衛門に案内されて亀山城内の剣術稽古場まで出向いている。江戸の心形刀流宗家の跡継ぎであり、絶妙と評判の八郎の剣技を目の当たりにすることができて、亀山の剣士たちも感激したことだろう。

亀山の心形刀流の中心人物の山崎にとってもありがたいことであったから、稽古後、御礼として酒肴を出し、八郎を手厚くねぎらった。ほかには、儒者の堀池柳外が顔を見せている。

同(六月)廿日、晴れ。早朝、稽古場に出席した。齋内氏は二度見廻りに来た。ほかのお医者も一人参った。三郎の病は大いによくなった。堀池柳外殿から煮豆をいただいた。源蔵と申す人から鮎をいただいた。忠内氏の書状が岡崎から着いた。

亀山に逗留四日目。剣術好きな八郎は、この日から城内の早朝の稽古に参加している。三郎の病気のほうは、この日も齋内医師が二度やってきたり、またほかの医師も診たりしたので、大いによくなったようだ。亀山藩の手厚い対応は、本当にありがたい。

やはり毎日来てくれる堀池柳外からは煮豆をいただき、ほかに源蔵という人からは鮎を贈られた。

またこの日、忠内次郎三からの手紙が届き、それは亀山宿から八つ先の岡崎宿から出されたものだった。いまはもっと先に行っていると思われるが、消息がわかるというだけで気持ちは落ち着くものである。

同(六月)廿一日、晴れ。朝、稽古に出席した。昼過ぎから山崎氏と同行して堀池柳外殿方へ参上した。ご馳走を頂戴した。夕刻に帰った。山崎氏がおいでになった。不快は大いによくなった。殿様から金三百疋を頂戴した。特に滞留中の賄いとして下されるとの仰せだった。

亀山に逗留五日目。この日も八郎は剣術の朝稽古に出向いた。昼過ぎから山崎利右衛門と一緒に堀池柳外の自宅を訪れている。堀池からの招待であったのだろう。ご馳走をふるまわれ、夕刻に宿に帰った。

三郎はまだ外出できるほどではないが、体調は大いによくなったようだ。また、藩主石川総脩から金三百疋(七万五千円)が贈られている。これは逗留中の食費として下されたということだが、至れり尽くせりの待遇に、感謝するばかりの八郎だった。

同(六月)廿二日、晴れ。朝、稽古に出席した。昼過ぎに三木助三郎殿が江戸表帰りとのことで参った。菓子をいただいた。日々御藩中から見舞い物をいただいた。源蔵と申す人が駕籠を直しに参った。山崎氏へ参り、夕方馳走になった。帰り道、堀池氏へ参った。

亀山に逗留六日目。八郎は剣術の朝稽古に出向き、昼過ぎに藩士・三木助三郎が江戸から帰ったところだと挨拶に来た。

三木から菓子をもらったり、ほかの客から見舞いをもらったりと、依然いただき物が絶えない八郎であるが、肝心の三郎の具合はどうなのだろうか。この日は様子が記されておらず、わからないのだが、前日の感じをみるともうほとんど回復しているようにも思えるのである。

江戸へ還る

同（六月）廿三日、朝、稽古に出席した。昼過ぎ、大津氏そのほか御同藩の人々と同行して泉川と申す河原へ鮎を打ちに参り、折節不漁。帰り道、途中の百姓屋で夕飯を食べた。夜五つ時（午後八時頃）に帰宅した。

亀山に逗留七日目。八郎はこの日も剣術の朝稽古を欠かさない。

午後からは大津央らの藩士と連れ立って、鮎釣りに出かけている。八郎は意外に釣りも好きなようであるが、この日は残念ながら不漁。誘った手前、大津らも気まずかったことだろう。

釣った鮎を夕食のおかずにしようと思っていたのに、それが空振りに終わった一行は、ただ帰るのもおもしろくないと思ったのだろうか。途中の農家に立ち寄って夕食を食べることで、野趣を味わおうとしたようである。

同（六月）廿四日、晴れ。朝、稽古に出席した。今日までいたすつもりで、試合後に形をおこなった。福岡氏が来た。山崎氏の所で赤飯を炊いたとのことで、三郎へいただいた。私は堀池氏の所へ同行して参上した。永々世話になったので、象牙のはしを遣わした。夜分に帰宅した。

亀山に逗留八日目。三郎の体調も回復したので、八郎は亀山を発つことにした。剣術の朝稽古もこの日が最後と決め、試合のあとに心形刀流の形を手本として見せている。福岡氏は未詳。三郎の全快を祝って、山崎利右衛門がなんと赤飯を炊いてくれた。最後まで行き届いた人だと、八郎らも感謝、感激していたことだろう。堀池柳外にも、八郎らは大いに世話になった。御礼は象牙の箸では足りないかもしれないが、感謝の気持ちは伝わったはずである。

同（六月）廿五日、晴れ。早朝、忠助を桑名まで遣わした。

亀山を出立する日である。早朝に従者の忠助を桑名宿まで遣わしたのは、おそらくは渡し舟の手配などの諸用を命じたものだろう。

八郎の日記は、ここまででやや唐突に終わっている。

この日、八郎らが亀山を出立したことはほぼ間違いないのだが、それさえも明確ではない終わり方というのは不思議な気がする。

おそらくは、八郎自身がこの日記を終わらせたくなかったのだろう。

楽しいことばかり——少しは苦労もしたが——だったこの半年間、毎日欠かさず記してきたこの日記が終わってしまうことを、誰よりも惜しんだのは、ほかならぬ八郎だった。

それで日記を明確に終わらせることをせず、あえてピリオドを打たなかった。

そういうふうに想像してみるのも、ありなのではないかと思っている。

あとがき

その後の伊庭八郎について、書いておきたい。

江戸に無事に帰り着いた八郎は、九月になって、父秀俊と同じ奥詰に任じられた。芸術（武芸）出精につきという昇任理由であったから、京都出張をへて、剣士としての実力に磨きがかかっていたのだろう。

翌慶応元年（一八六五）五月、将軍家茂が長州征伐のために上洛するのに従って、八郎ら奥詰、講武所剣槍方は再び随行した。このときは、翌慶応二年（一八六六）七月に家茂が急死して解兵になるまで、一年以上の長期にわたり大坂に滞在することになった。

同年十月、徳川慶喜により軍制改革がおこなわれ、奥詰および講武所剣槍方は「遊撃隊」に改編された。遊撃隊頭並に今堀登代太郎、頭取に父秀俊、三橋虎蔵ら、頭取並に湊信八郎、前田舎人、三橋富太郎、中根芳三郎らが就任したほか、隊士として八郎、弟の三郎、木戸金三郎、吉松六之助、三枝鎌太郎、近藤鐘次郎、三枝駒次郎、比留常次郎、天野豊次郎、三橋準三、筒井伊三郎、柏木元三郎、佐田銈次郎ら、「征西日記」でおなじみの仲間たちの多くが遊撃隊入りしている。

慶応三年（一八六七）十月に大政奉還がなされると、薩摩藩、長州藩を中心とした新政府軍と旧幕府軍の武力衝突の気運が高まり、八郎ら遊撃隊も戦闘にそなえて上京した。

そして年明けの慶応四年（一八六八）正月三日、両軍は京都南郊の鳥羽・伏見で激突し、戊辰《ぼしん》戦争が始まった。八郎にとって初めての実戦となるこの日、敵の銃弾が甲冑の上から胸に当たり、衝撃で吐血し卒倒する。

いかにのんき者の八郎でも、こうした戦場での過酷な体験には目を覚まされる思いであったことだろう。これ以後の八郎は、「征西日記」を書いた者と同一人物とは思えないほど、激烈な戦士に変身をとげることになる。

江戸に撤退後の三月、八郎は遊撃隊に京都で加盟した人見勝太郎と語らい、恭順を決めた遊撃隊本隊から隊士三十余人を引き連れて脱走した。彼らは、上総請西《かずさじようざい》藩主林忠崇《ただたか》の軍と合流し、相州箱根の関を押さえようと進軍する。

すると五月、箱根山崎の戦いが勃発し、八郎は湯本三枚橋付近で戦闘中に左腕を半ば切断される重傷を負ってしまう。このため左腕の肘から先を失うことになったが、それでも八郎の戦意はおとろえなかった。

八月、榎本武揚《たけあき》率いる旧幕府艦隊に加わって品川から北上した八郎は、今度は乗艦の美加保が銚子沖で難破するというアクシデントに見舞われる。沈む美加保から必死に脱出し、命は助かった八郎だったが、相次ぐ逆境にこのときばかりは絶望しそうになった。

しかし、榎本ら旧幕軍が蝦夷地の箱館（函館）五稜郭に立て籠もって抗戦を続けているのを知ると、八郎は再度立ち上がる。十一月になって、なじみの吉原の遊女小稲が用意してくれた五十両の金で、イギリス艦に乗り込み箱館に渡航するのだった。

箱館の旧幕軍においては遊撃隊隊長をつとめ、最後まで幕臣の意地を貫こうとした八郎であったが、明治二年（一八六九）四月に新政府軍が蝦夷地に上陸。二十日の木古内の戦闘で砲弾を受け、再起不能の重傷を負ってしまう。

五稜郭に運ばれて療養につとめたものの、ついに再び立つことはできず、五月十二日に八郎は息を引き取った。旧幕軍も十八日に降伏し、徳川幕府の歴史は終焉を迎えたのである。

八郎の享年は二十六歳。「征西日記」を書いた二十一歳の頃から、わずか五年しかたっていない。あの頃ののんびりとした八郎と、後半生の激しく戦う八郎とでは、ギャップが大きすぎて戸惑うばかりである。

いったいどちらが八郎の本質であったのだろうか。

おそらくは、どちらもが八郎ということだったのだろう。初めての京都で観光、グルメにいそしんだ八郎も、片腕を失いながらも激しく戦い続け、最果ての地に散った八郎も、どちらも伊庭八郎という若者の偽りない姿だった。そんなギャップもまた、八郎の魅力といえるのではないだろうか。

本書の刊行にあたっては、幻冬舎編集本部の高部真人氏に大変お世話になった。心より感謝申し上げる次第である。

二〇一七年五月　山村竜也

著者略歴

山村竜也
やまむらたつや

一九六一年東京都生まれ。歴史作家、時代考証家。
NHK大河ドラマ「新選組!」「龍馬伝」「八重の桜」、
NHK朝の連続テレビ小説「あさが来た」（資料提供）、
東宝映画「清須会議」など、多くの時代劇作品の考証を担当する。
『真田幸村と十勇士』（幻冬舎新書）、
『いっきにわかる新選組』『いっきにわかる幕末史』（ともにPHP研究所）、
『天翔る龍　坂本龍馬伝』（NHK出版）、
『新選組の謎と歴史を訪ねる』（ベスト新書）、
『八重と会津の女たち』（歴史新書）など著書多数。
テレビアニメ「活撃 刀剣乱舞」の時代考証もつとめるなど、幅広く活動する。

幻冬舎新書 464

幕末武士の京都グルメ日記
「伊庭八郎征西日記」を読む

二〇一七年七月三十日 第一刷発行

著者 山村竜也

発行人 見城徹
編集人 志儀保博
発行所 株式会社 幻冬舎
〒一五一-〇〇五一 東京都渋谷区千駄ヶ谷四-九-七
電話 〇三-五四一一-六二一一(編集)
〇三-五四一一-六二二二(営業)
振替 〇〇一二〇-八-七六七六四三
ブックデザイン 鈴木成一デザイン室
印刷・製本所 株式会社 光邦

Printed in Japan ISBN978-4-344-98465-3 C0295
や-12-2
幻冬舎ホームページアドレス http://www.gentosha.co.jp/
*この本に関するご意見・ご感想をメールでお寄せいただく場合は、comment@gentosha.co.jp まで。

幻冬舎新書

山村竜也
真田幸村と十勇士
猿飛佐助／霧隠才蔵／三好清海入道／三好為三入道／由利鎌之助／穴山小助／海野六郎／望月六郎／筧十蔵／根津甚八

真田幸村はなぜ、これほどまでに日本人に愛されるのか。その流転に満ちた武将人生を辿りながら、没後、軍記物語として語り継がれた「真田十勇士」の誕生秘話を、列伝形式で解き明かす。

河合敦
岩崎弥太郎と三菱四代

坂本龍馬の遺志を継ぎ、わずか五年で日本一の海運会社を作り上げた岩崎弥太郎とその一族のビジネス立志伝。彼らはなぜ、短期間で巨万の富を築き、財界のトップに成り上がることができたのか？

河合敦
吉田松陰と久坂玄瑞
高杉晋作、伊藤博文、山県有朋らを輩出した松下村塾の秘密

吉田松陰が松下村塾で指導した期間は二年にも満たないのに、なぜこれほど多くの偉人が生まれたのか。松陰の妹を妻とした久坂玄瑞との愛憎に満ちた師弟関係を解き明かしながらその秘密に迫る。

野瀬泰申
文学ご馳走帖

志賀直哉『小僧の神様』で小僧たちが食べた「すし」とは？　夏目漱石『三四郎』が描く駅弁の中身とは？……文学作品を手がかりに、日本人の食文化がどう変遷を遂げてきたかを浮き彫りにする。